Linus Mundy
Das Geh-Betbuch

Linus Mundy

Das Geh-Betbuch

Wie Beten geht, wenn man geht

Aus dem Englischen
von Christiane Heinen

Herder
Freiburg · Basel · Wien

Die Originalausgabe dieses Werkes erschien unter dem Titel
The Complete Guide to Prayer-Walking
A Simple Path to Body-and-Soul Fitness
bei: The Crossroad Publishing Company, New York

© der deutschsprachigen Ausgabe:
Verlag Herder, Freiburg im Breisgau 1998

Umschlaggestaltung:
Finken & Bumiller, Stuttgart
Herstellung: Freiburger Graphische Betriebe

Gedruckt auf umweltfreundlichem,
chlorfrei gebleichtem Papier
Printed in Germany

ISBN 3-451-26094-8

Inhalt

Vorbemerkung zur Übersetzung

Das Hauptwort *prayer-walking* und das Tätigkeitswort *to prayer-walk* lassen sich kaum ins Deutsche übersetzen. Übersetzerin und Verlag haben deshalb die Form Geh-Beten (bzw. Geh-Bet) samt ihren Nebenformen gewählt, die vermutlich nicht der Weisheit letzter Schluß ist, die aber auf der Linie des Autors liegen dürfte, der bisweilen selbst einen Hang zur Verspieltheit durchblicken läßt und an sein – im übrigen durchaus ernstes Thema – nicht bierernst herangeht.

Zitierte Literatur wird lediglich mit dem Titel genannt, sofern es nur die englischsprachige Ausgabe gibt. Sofern deutschsprachige Übersetzungen der betreffenden Werke vorliegen, sind sie am Schluß des Buchs bibliographiert.

Unter den vorgeschlagenen Gebetstexten sind etliche volkstümliche und altvertraute, die den Vorteil haben, daß man sie entweder schon auswendig weiß oder leicht erlernen kann. In Amerika sind das natürlich vielfach andere als im deutschsprachigen Raum. Deshalb wurde eine Reihe von Texten ausgetauscht gegen solche, die hierzulande geläufig sind und der Intention dieses Buches entsprechen.

Gehmeditation ist kein Mittel zu einem Zweck. Sie ist selbst
der Zweck. Jeder Schritt ist Leben, jeder Schritt ist Frieden und
Freude. Das ist der Grund, warum wir uns nicht zu eilen
brauchen. Das ist der Grund, warum wir die Geschwindigkeit
verringern. Es scheint, als bewegten wir uns vorwärts, aber wir
gehen nicht irgendwo hin, wir werden von keinem Ziel angezogen.
Darum lächeln wir, während wir gehen.

THÍCH NHÂT HANH

Selig, die beim Gehen angetroffen werden
durch deinen heiligen Willen.

FRANZISKUS VON ASSISI

Kontemplation, mein Freund, ist kein überflüssiger Luxus;
sie ist das Merkmal eines Liebenden;
sie ist das Merkmal eines Christen.

WALTER J. BURGHARDT S.J.

Selig, deren Weg ohne Makel,
die wandeln im Gesetze Jahwes.
Selig, die seine Weisung befolgen,
die von ganzem Herzen ihn suchen;
die verüben kein Unrecht,
die aber schreiten auf seinen Wegen.

PSALM 119, 1–3[1]

Einführung

Der Laufsportler und geistreiche Essayist George Sheehan sagte einmal: »Vertraue nie einem Gedanken, der dir im Sitzen kommt.« Bevor wir also anfangen: Bitte stehen Sie auf und laufen Sie ein wenig herum, während Sie dieses Buch lesen. Ich versichere Ihnen, daß Ihr Vertrauen belohnt wird.

Aber im Ernst: Setzen Sie sich hin, ziehen Sie die Schuhe aus, entspannen Sie sich. Schmecken Sie die Würze dessen, was Sie hier lesen. Und *danach* steigen Sie wieder in Ihre Schuhe und gehen Sie nach draußen zu einem Geh-Bet. Glauben Sie mir, es stehen Ihnen großartige Erfahrungen bevor.

Nun sollten wir George Sheehan mit seiner oben zitierten Äußerung jedoch durchaus ernst nehmen. Er teilt uns etwas Tiefgründiges und Bahnbrechendes mit: Unser Körper und unser Geist werden beide freigesetzt – und zugleich gefesselt –, wenn wir uns bewegen. Damit haben wir auch schon die Grundvoraussetzung für dieses Buch: *Bewegung tut dem Körper und der Seele gut.*

Ich möchte Ihnen verständlich und praxisnah erklären, wie man geh-betet, wo und wann man geh-betet, zu wem man geh-betet, wie andere Menschen geh-beten und schließlich, wie Sie herausfinden, ob Sie tatsächlich geh-beten oder einfach nur gehen.

Zunächst will ich jedoch versuchen, sie von den großartigen physischen, psychologischen und geistigen Vorteilen zu überzeugen, die Sie aus dem Ganzen ziehen können. Tatsächlich geschehen wunderbare Dinge, wenn der Mensch erst einmal anfängt, seinen Körper zu bewegen. Denn soviel ist sicher: Unsere Füße sind zum Gehen erschaffen worden.

Zur Zeit Jesu, als viele Abläufe noch einfacher waren, ebenso wie lange zuvor und lange danach, gehörte die Fortbewegung zu Fuß – eben das gute alte Gehen – zu den wenigen Möglichkeiten, irgendwohin zu gelangen. Das ist der Grund, warum unsere Füße »heilige Verlängerungen von uns« sind, wie es eine Bekannte von mir, die Ordensschwester Betty Hopf, einmal treffend ausdrückte. Aber auch nur für sich selbst genommen sind unsere Füße heilig. Jesus und seine Zeitgenossen übten den wichtigen Brauch, einander die Füße zu waschen, wenn sie das Haus eines Gastgebers betraten oder von einer Reise heimkehrten. Dieses Ritual, das für sie ein Liebesdienst am anderen Menschen war, vollzogen sie mit schlichter Freude. (Ich könnte mir vorstellen, daß es heutzutage eine vergleichbar innige Geste der Gastfreundschaft wäre, wenn man die Autoreifen eines Gastes wüsche ...)

In schlichteren Zeiten machten die Menschen ein großes Aufheben um viele Dinge. Mir scheint, daß es an der Zeit ist, einige dieser einfachen Vorgänge wiederzuentdecken. Dieses Buch soll uns unter anderem herausfordern, uns auf die »Lebensrhythmen« zurückzubesinnen, die mit jenen schlichten Vollzügen einhergehen, die wir »Gebet« oder »Gehen« nennen. 1992 schrieb die Redakteurin Dee Dee Risher in der Zeitschrift *The Other Side* einen Artikel, den ich immer wieder einmal heraushole und lese. Darin heißt es:

> Eine geistige Übung, um deren Neuentdeckung wir uns bemühen müssen, ist, daß wir uns über Aufgaben freuen, anstatt sie nur als lästige Pflichten zu sehen, die erledigt werden müssen. Unser Leben hält doch so viele Aktivitäten bereit, bei denen wir viel zufriedener sind, während wir sie tun, als später, wenn sie vollendet und geleistet sind! Als ich darüber nachdachte, fiel mir auf, daß viele meiner Lieblingsbeschäftigungen – etwa Kochen, Gartenarbeit, private Briefe schreiben, ... Spazierengehen – Prozesse sind, die ich (jetzt) auf völlig neue Art erfuhr.

Erst letzte Woche buken mein achtjähriger Sohn Patrick und ich eine dicke Torte – ohne ein einziges Fertigprodukt! Es war eines der lustigsten und einfachsten Dinge, die wir je gemeinsam unternommen haben. Ich hätte nie gedacht, daß man heute tatsächlich noch einen Kuchen ganz und gar selbst backen kann, ohne eine Ewigkeit damit beschäftigt zu sein. Nun gut, das Spülen und Aufräumen hinterher hat ganz schön gedauert! – Aber was ich damit sagen will: Es ist höchste Zeit für ein paar Neubesinnungen und ein bißchen geistigen Lernstoff (oder für das Auffrischen einiger Lektionen)!

Arthur Koestler schrieb einmal, die größten Errungenschaften in Wissenschaft und Kunst seien das Ergebnis »der plötzlichen Verschmelzung zweier Fertigkeiten oder Gedankenwelten, die vorher nichts miteinander zu tun hatten«. Nun sind Beten und Gehen freilich zwei Fertigkeiten, die nicht gerade in einem unüberwindbaren Widerspruch stehen, auch wenn sich hier vielleicht eine »Kunst« und eine »Wissenschaft« gegenüberstehen.

Bevor wir anfangen, möchte ich eine kurze »geschichtliche Mutmaßung« darüber anstellen, wie das Geh-Beten als Kunst und auch als Wissenschaft möglicherweise »entdeckt« wurde, und wie es sich im Laufe der Zeit entwickelte. Mit anderen Worten: Hier folgt meine Vorstellung darüber, wie das Geh-Beten entstand.

Alles begann mit der Stille. Letztendlich beginnt das Beten auch heute noch so, aber darüber wollen wir später reden. In vergangenen Zeiten achtete man die Kunst des Stillwerdens hoch, besonders unter den wahrhaft Weisen – schließlich mußten sich alle anderen um ihre Arbeit kümmern! Deshalb zogen sich die weisen Mystiker dorthin zurück, was wir gemeinhin als »Elfenbeinturm« bezeichnen – an einen abgeschiedenen, einsamen, stillen Ort.

Irgendwann jedoch, so stelle ich es mir vor, erkannten die tiefsinnigsten jener religiösen Denker und Philosophen, die in den Elfenbeintürmen lebten, daß sie mehr brauchten; sie mußten »leben und *sich regen* und ihr Sein haben«. Sie begriffen, daß es nicht reichte, das Gebet lediglich aus der Hand von Experten empfangen zu dürfen, sondern daß sie es selbstverständlich den Händen (und Füßen) jener anvertrauen mußten, die in den Städten und Dörfern lebten. Also hörten sie auf, nur untereinander und füreinander zu reden und zu beten und machten sich daran, das Gebet »an die Hecken und Zäune« zu bringen, dorthin, wo es hingehörte. Wahres Gebet war nie ausschließlich für die Klöster vorgesehen, so wie wahre Kunst nicht nur für Museen bestimmt ist.

So kam es, daß einige Mönche von ihren Türmen herabstiegen (gehend und betend) und Lehrer im umfassendsten Sinne des Wortes wurden: Sie prägten ihre Anhänger und unterwiesen

sie in den neuen Ausdrucksformen des Gebets. Einige der neu Er-
leuchteten, Angespornten und In-sich-Ruhenden begannen im
Laufe der Zeit, diese heilsame Übung zu formalisieren und sogar
zu »institutionalisieren«.

Ganze Klöster voller kontemplativ lebender Männer und
Frauen bemühten sich, diesen »modernen« Gebetsstil, der den
Geist leer macht und die Seele erfüllt, zu vertiefen, zu pflegen
und zu vervollkommnen. Dabei kam ihnen der reiche ostkirch-
liche Traditionsschatz zu Hilfe, der sich um die Heiligkeit des
Seins und Sich-Regens dreht. Wir werden diese Sammlung in
den folgenden Kapiteln nur hier und da streifen können. Unsere
Überlegungen zum Geh-Beten beruhen hauptsächlich auf der
westlich-christlichen Tradition, und wir können nur gelegentlich aus dem Reichtum des Ostens schöpfen.

Heute sind Hunderte von Menschen wie die Mönche früher
und heute damit beschäftigt, »nichts zu tun«, zu geh-beten. Einigen ist ihr Tun sogar *bewußt*! Warum aber machen sie es? Ich
glaube, daß viele geh-beten, weil es eine einfache, natürliche und
sehr elementare Beschäftigung ist – wenn man den Dreh einmal
raus hat: Man setzt einen Fuß vor den anderen. Man macht einen
bewußten Atemzug nach dem anderen. Man spricht zu Gott und
läßt es zu, daß Gott zu einem spricht oder einen umarmt. Ein
Wort, eine Umarmung, und noch eine ... und noch eine. Das
dringende Bedürfnis unserer Gesellschaft nach mehr gesundem
Menschenverstand, nach mehr Stille, nach mehr Raum für die
Besinnung wird uns bewußt.

Na also! Dies ist der Grund, aus dem Menschen geh-beten –
und zugleich die Art, *wie* sie es tun. Alles was nötig ist, ist, daß Sie
es drei- oder viermal in der Woche für eine halbe bis eine Stunde
tun – und schon bald werden *Sie* ein Buch darüber schreiben
können. (Ich würde mir tatsächlich wünschen, daß Sie darüber

schreiben werden, und wenn es nur ein Tagebucheintrag oder ein Brief an einen Freund ist.)

Jetzt aber lassen Sie uns diese aufregende, lebenspendende Übung näher untersuchen. Ich möchte mir nicht anmaßen, Sie mit einem »Willkommen in der Kirche der Fitneß für Körper und Geist« einzuladen. Vielleicht sollte ich einfach sagen: »Lassen Sie uns spazierengehen.«

1

Was ist Geh-Beten?
Und warum tut es uns allen gut?

Beten. Gehen. Zwei Tätigkeiten, die uns durch und durch gewöhnlich, alltäglich vorkommen. Tatsächlich sind beide scheinbar so kinderleicht, daß sich niemand die Mühe macht, sie uns richtig beizubringen – und wir selbst sind gewöhnlich zu stolz, jemanden um seine Hilfe dabei zu bitten. Es ist wie beim Schnürsenkelbinden oder Naseputzen oder Heiraten oder bei der Kindererziehung: Wir gehen davon aus, daß jeder solche Dinge fehlerfrei beherrscht. (Übrigens habe ich immer noch Schwierigkeiten, meine Schuhe korrekt zuzubinden. Ich war das dritte Kind meiner Eltern, und irgendwie haben sie schlichtweg vergessen, es mir beizubringen. Ich selbst war zu schüchtern, um sie zu fragen. Das bin ich auch heute noch. So kommt es, daß ich hin und wieder stolpere, wenn ich geh-bete.)

Zum Glück waren wenigstens die Jünger Jesu demütig genug, ihren Meister um Hilfe beim Gebet zu bitten: »Wie sollen wir beten, Herr?« Darum schenkte er ihnen und uns das Vaterunser. Zum Vergleich: einige Nachwuchsstürmer in den Kinderfußballmannschaften haben den Mut, keine Ruhe zu geben und den Trainer zu fragen, wie man richtig dribbelt, wie man die Fußballstiefel korrekt bindet oder wie man einen gescheiten Paß zustandebringt. Die meisten Kinder legen jedoch einfach los, manche talentiert und manche eher tolpatschig. Gelegentlich nimmt sich der Trainer von sich aus die Zeit, ein paar Ratschläge zu geben. Leider feuern Trainer und Eltern aber oft nur mit »besseren«, »wichtigeren« Tips an: »Immer aufs Tor!«, »Hau drauf!«, »Gebt's ihnen!« oder »Ab durch die Mitte!« Und die Kleinen denken: »Ich will es ja. Ich wünschte, ich könnte es. Ich glaube, ich schaffe es. *Ich schaffe es*!« (Oder aber: »Was soll's, ich schaffe es ja eh nicht!«)

Mit dem Beten ist es ganz ähnlich. Die meisten von uns tun es einfach – und es klappt entweder wie am Schnürchen oder leidlich oder irgendwie dazwischen. Andere wiederum reden sich von vornherein ein, daß sie sowieso nicht beten können. Verstehen Sie mich nicht falsch: Gott bewertet natürlich nicht unsere Gewandtheit im Beten. Aber allzu oft finden wir selbst unser Gebet so unzureichend, daß wir gerne etwas daran ändern würden. Mit alledem will ich sagen: Beten und Gehen sind gewissermaßen erlernbare Disziplinen – und damit ist auch das Geh-Beten erlernbar.

Auf den folgenden Seiten will ich Ihnen daher einige Tips geben, wie man »die Fußballschuhe richtig schnürt«, wie man »richtig dribbelt« und wie »ein guter Paß gelingt«. Es werden zwischendurch sogar solche Anfeuerungen wie das gängige »Immer aufs Tor!« auftauchen. In diesem Buch werden Sie viele generelle und viele sehr spezielle Hinweise finden.

Eine Begriffsbestimmung

Es ist mir bewußt, daß Handbücher und Ratgeber oft dazu neigen, die Dinge grob zu vereinfachen, und ich habe nicht vor, mein Anliegen ebenso zu banalisieren. Andererseits behaupte ich, daß viele Menschen geh-beten, ohne sich dessen bewußt zu sein. Geh-Beten ist einfacher, als manche denken mögen. Wie wir alle wissen, ist das kontemplative Gebet ein zutiefst intimer Vorgang, so persönlich, daß jeder von uns im gewissen Sinne sein eigenes Gebet ist. Erinnern wir uns außerdem daran, daß es jeder geistlichen Sinnsuche in erster Linie darum geht, »einen direkten Kontakt mit dem Heiligen zu knüpfen, ohne sich auf Vermittler, Experten, Dogmen und Institutionen zu verlassen«, wie es Sam Keen in seinem Buch *Wider die Leere in unserer Zeit*[2] ausdrückt.

Was ist Geh-Beten also? Um es auf eine Formel zu bringen: *Geh-Beten ist Training für die ganze Person.* Es ist eine Übung, die jeden einzelnen Teil der menschlichen Person beansprucht und ihm dient: dem Verstand, dem Körper, dem Geist (oder der Seele). Es ist eine Gebetsübung, die es uns ermöglicht, gleichzeitig in uns selbst und auf unseren Lebensraum zu schauen.

Unsere moderne Gesellschaft beschäftigt sich mit Hingabe mit dem Körper. Ganze Märkte und Dienstleistungssegmente wuchern um Fitneß, Gesundheit, vernünftige Ernährung, Gewichtskontrolle, Blutdruckregulierung, Muskelaufbau usw. In der Werbung werden alle möglichen Turngeräte angepriesen, die Ihnen das ultimative Fitneßtraining versprechen – mit Geldzurück-Garantie!

Das ist ja gut und schön, aber bei alledem geht es ausschließlich um den Körper. Diese Techniken und Geräte können kein »totales Training« bieten, denn sie trimmen die Seele bei weitem nicht so energisch wie den Körper und vielleicht noch den Geist. Darum suchen wir hier nach einem »Krafttraining« ganz anderer Art.

Übrigens gingen die älteren Fitneßgeräte nicht einmal beim Körper von einer vereinigten Ganzheit aus, sondern bearbeiteten ihn vielmehr wie ein loses Gefüge einzelner, ja sogar unabhängiger Elemente, indem sie immer nur ein bestimmtes Körperteil trainierten. Da gab und gibt es Trimmräder zum Training der Beine, Rudermaschinen für die Kräftigung des Rückens und Gewichte in allen Größen und Formen für die Arm- und Beinmuskulatur. Modernere Geräte nehmen immerhin schon den ganzen Körper in Arbeit und haben damit natürlich ihre Berechtigung für diejenigen, denen es um Muskeln und Statur geht. Damit aber begnügen sich alle diese Apparate: mit der ausschließlichen Beschäftigung mit dem Körperlichen.

Ist es nicht eigenartig, daß wir mit dem Gebet ähnlich umgehen wie die alten Fitneßgeräte mit dem Körper? Wann immer wir uns mit Kirche, Religion oder Gebet befassen, sehen wir sie als isolierte Bereiche unseres Lebens – im Grunde wie einzelne Körperteile – und nicht im Gesamtzusammenhang. Gott sei Dank setzt sich in jüngerer Zeit eine eher ganzheitliche Sichtweise unseres Seins durch: Wir begreifen immer klarer, daß wir nicht nur körperliche, sondern im gleichen Maße geistige Lebewesen sind. Ich selbst schließe mich ohne Zögern der modernen theologischen Meinung an, daß wir Menschen weniger physische Wesen sind, denen Geist gegeben wurde, sondern daß wir vielmehr geistige Wesen sind, die außerdem über Körper verfügen. Noch besser traf vielleicht der geniale Landwirt und Dichter Wendell Berry aus Kentucky den Nagel auf den Kopf, als er – entwaffnend – schrieb: »Die Unterscheidung zwischen dem Körperlichen und dem Geistigen ist, so glaube ich, falsch.«

Mit derselben Einschätzung sollten wir an das Gebet herantreten. Im wesentlichen geht es darum, unsere Vorstellung von Gebet, Beten, Kirche, Religion und Spiritualität auszuweiten, damit es unserem gesamten Sein besser zugute kommt. Das Geh-Beten ist wie geschaffen für diesen Zweck – warum, werde ich gleich erklären.

Überlegen sie zunächst aber einen Moment, was Gebet und Beten für Sie selber bedeuten. Ist Beten für Sie, wenn Sie in der Kirche sitzen? Wörter ablesen oder rezitieren? Die Hände falten oder knien? Gott um etwas bitten? Oder drückt das Beten für Sie eher eine »Wallung des Herzens« aus oder ein »inniges Zwiegespräch« mit Ihrem Schöpfer? Viele von uns haben gelernt, daß wir beten, wenn wir »unseren Geist und unser Herz zu Gott erheben«. Genau diese Definition hilft uns ausgezeichnet weiter. Das Gebet, in welcher seiner vielfältigen und schillernden Formen auch immer, bringt uns in Einklang und Frieden mit dem Geist und Herzen Gottes.

Geh-Beten – eine natürliche Tätigkeit

Nun haben wir schon eine genauere Vorstellung, welchen Sinn Gebet und Beten haben. Unsere Kirchen, Synagogen und Moscheen wurden entworfen und erbaut, um heilige Räume zu schaffen, die Gebete inspirieren. Andererseits wissen wir natürlich, daß wir nicht unbedingt in einer Kirche sein müssen, um beten zu können, ebensowenig wie wir auf den Spielplatz gehen müssen, um spielen zu können. Beim Beten geht es um eine intensive Erfahrung Gottes und seiner Schöpfung, und dafür brauchen wir nicht einmal prinzipiell und immer Worte. Beten hängt mit dem Schauen Gottes zusammen, und Gott sollen wir hinter und in den Segnungen und Gaben unseres alltäglichen Lebens sehen – überall.

Von einer guten Freundin und ehemaligen Kollegin, Kass Dotterweich, lernte ich eine Menge über das Gebet. Vor einigen Jahren schrieb sie einen Artikel über die Schwierigkeit, mitten in tiefer Trauer oder Verzweiflung zu beten. Darin heißt es:

Fang einfach an und laß es ruhig zu, daß Dein Gebet ein Chaos ist. »Beten?«, wirst Du jetzt fragen. »Beten??? Ich kann in dieser Verzweiflung nicht beten!« Nun, wenn Du meinst, daß sich das Gebet auf wohlgesetzte Huldigungen beschränkt, die an heiligen Orten gesprochen werden, dann hast Du sicher recht. Wenn Dein Gebet aber dem Gebet Jesu entspricht, dann bedeutet Beten, daß Du es zuläßt, daß Gott Dir begegnet, wo immer Du Dich gerade befindest. Deine Erinnerungen sind Gebete, Deine unerfüllten Sehnsüchte sind Gebete, Dein Kummer über ein Zerwürfnis ist ein Gebet. Jesus weinte nicht, weil er einen theatralischen Effekt erzielen wollte. Er weinte aus menschlicher Leidenschaft, menschlicher Trauer, menschlicher Verzweiflung – und darin fand er Gott.

Ist es nicht eine schöne Vorstellung, daß die Schöpfung ein einziges großes Gebet ist, in das wir einstimmen dürfen, wann immer wir wollen? Dazu gehört auch der wunderbare Gedanke, daß die ganze Schöpfung und alle unsere Erfahrungen bereit sind, von uns »gesegnet« zu werden, das heißt, geheiligt zu werden, indem wir sie heilig nennen. Überlegen Sie einmal: Wir sprechen ein Tischgebet, und unsere Nahrungsaufnahme wird zu einer gesegneten Mahlzeit. Wir bezeichnen unser Kind zur Schlafenszeit mit einem Kreuzzeichen auf der Stirn, und die Nacht wird irgendwie geweiht. Wir betrachten den Aufgang der Sonne mit einem »Gelobt sei Gott« auf den Lippen oder im Herzen, und die Sonnenstrahlen scheinen heller in unser Leben.

Genau das ist der Leitgedanke im Werk des vietnamesischen buddhistischen Mönches und Dichters Thích Nhât Hanh, vor allem in seinem Buch *Das Wunder der Achtsamkeit*.[3] Der bekannte Meditationsmeister und geistliche Führer beschwört uns, daß die intensivsten Gefühle von Seelenfrieden und Freude für uns so greifbar sind wie unser nächster bewußter Atemzug oder das Lächeln, das unser Gesicht in diesem Moment erhellt, oder »die Beziehung zur Erde, die wir bei unserem nächsten Schritt knüpfen«.

So kommen wir immer wieder darauf zurück, daß es beim Beten um *Einheit* geht: Einheit mit dem Einen in Allem, Einheit mit Gott und seiner ganzen Schöpfung. Im nächsten Kapitel werde ich Ihnen einige Techniken vorstellen, die Ihnen helfen können, diese wunderbare Einheit zu suchen und zu erlangen, etwa den richtigen Einsatz des Atems, des Schritts, des Zählens und der Äußerung.

Im Augenblick geht es mir jedoch um ein tieferes Verständnis, um jene »neue Theologie« des ganzheitlichen Betens und Meditierens. Ist die Idee des Geh-Betens oder der »Meditation im Gehen« überhaupt in unserer westlichen religiösen Tradition verwurzelt? O ja! Schauen wir zum Beispiel auf das Leben der Wüstenväter, jener heiligen Männer der ersten christlichen Jahrhunderte, die sich in die Steppen und Wüsten zurückzogen, wo sie nur dem Himmel über ihren Köpfen und der Einöde unter ihren Füßen ausgeliefert waren. Und natürlich ihrem Unterbewußtsein, *ihrem eigenen Innersten, das nun,* wo es nur herzlich wenige Ablenkungen gab, *ungehindert ins Bewußtsein dringen konnte.*

Außerdem gab es natürlich in allen Jahrhunderten bis heute Tausende von kontemplativ lebenden Ordensleuten. In einem uralten Rhythmus wandeln diese Mönche und Nonnen immer wieder durch die Kreuzgänge ihrer Klöster, wobei sie Psalmen singen, Gebete sprechen oder in der Bibel und anderen heiligen Schriften lesen. Sie haben begriffen, daß die ganze Menschheit auf einem »geistigen Pfad unterwegs« ist, ob wir uns dessen bewußt sind oder nicht. Einige Menschen gewinnen durch Studium, Gnade oder Zufall einen tieferen Einblick in diese Wahrheit. Auch das Geh-Beten ist eine Möglichkeit, sich dieser Realität bewußt zu werden.

Auf der Spur unserer Kindheitsrhythmen

Im Lärm und Geschwätz unseres alltäglichen Lebens können wir unser eigenes Ich oft nicht mehr heraushören. Zuweilen müssen wir aus dem Gedröhn der oberflächlichen Nichtigkeiten unseres Lebens ausbrechen, in denen das Wesentliche zu ertrinken droht. Es geht darum, Entscheidungen zu treffen, die uns aus unserem grauen Alltag befreien, aus unserem abgestumpften Ich. Wir müssen uns von allen verwirrenden Zerstreuungen lösen und Kurs nehmen auf ein neues Sein, eine neue Wirklichkeit, eine neue Ahnung des Ewigen.

Die Klostergemeinschaften bieten einen verläßlichen, schematisierten, rhythmischen Bezugsrahmen, durch den kontemplative Ordensleute Frieden, Stetigkeit und die Berechenbarkeit des Alltags erlangen. Ich behaupte nun, daß es in einem gewissen Sinn derselbe verläßliche Bezugsrahmen ist, der das Geh-Beten für jeden betenden Menschen so attraktiv macht. Die Mönche waren immer schon auf der Spur von etwas, nach dem wir alle uns sehnen, das wir aber nur schwer in Worte fassen können: *Wir möchten den tröstlichen Rhythmus unserer Kindheit wieder zum Leben bringen.*

Erinnern Sie sich an das wunderbar gleichmäßige Schwingen der Schaukel in Ihrer Kindheit, an das Auf und Ab der Wippe, das Hin und Her der Wiege oder des Schaukelstuhls, den singenden Takt des Sprungseils? Denken Sie an das tröstliche Wiedererkennen von Liedern wie »Der Mond ist aufgegangen«? Ich bin mir sicher, daß wir alle, selbst die Abgeklärtesten und Souveränsten unter uns, bedenkenlos manche unserer unberechenbaren Tage im Büro, in der Schule, in der Küche, im Kaufhaus, am Montageband oder im Berufsverkehr (um nur einige spannungsgeladene Lebensbereiche zu nennen) gegen jene alten vertrauten Rhythmen unserer Kindertage eintauschen würden. Sigmund Freud war nicht der einzige Psychologe, der behauptete, daß wir uns letzten Endes alle nach dem gleichmäßigen Herzschlag im Mutterleib sehnen.

Das Problem ist, daß niemand von uns in der Lage ist, tatsächlich in den Mutterleib zurückzukehren, und daß wir uns nicht einmal in der Erinnerung besonders weit in unsere Kindheit zurückversetzen können. Und nur wenige Menschen bringen es fertig, allem zu entsagen und in ein Kloster einzutreten, um Beständigkeit und Klarheit zu finden (ganz davon abgesehen, daß natürlich auch die Klöster viel Un-Beständiges, Un-Klares bergen!).

Das Geh-Beten ist in der Lage, jenen ersehnten Rhythmus zu rekonstruieren und inneren Frieden zu erwecken – genau wie es eine bewußte, schweigende Runde durch einen Kreuzgang oder das beruhigende Schaukeln in der Wiege für unsere Kleinsten bewirken. Wir werden feststellen, daß es einen klaren Zusammenhang zwischen dem Beten und der Glückseligkeit gibt, zwischen Gebet und innerem Frieden. Mit ein bißchen Übung können wir sogar nahezu jenes wundervolle rhythmische »Heile, heile Gänschen, es wird schon wieder gut« aus unseren Kindertagen wiedergewinnen – nämlich in Form eines »Heile, heile« von unserer Mutter Erde, jedesmal, wenn unsere geh-betenden Füße mit ihr Fühlung nehmen, Schritt für Schritt. Mehr noch: sobald wir ein tieferes Verständnis für diese Gebetstechnik gewonnen haben, werden wir uns vorstellen können, wie wir selbst mit unseren eigenen Schritten dieses »Heile, heile« unserer Mutter Erde zuteil werden lassen. Und schließlich wird uns mit der Zeit sogar unsere eigene mystische und göttliche Seite – jener Teil von uns, der uns nur in wenigen großartigen und heiligen Momenten unseres Lebens bewußt wird – Liebe und Trost zusprechen.

Das Geheimnis und die Herausforderung des Geh-Betens liegen darin, daß wir uns die Zeit nehmen, jenen segensreichen Rhythmus und jenen Bezugsrahmen zu erspüren. Unser Lohn wird Ordnung und Harmonie in unserem Leben sein – d.h. natürlich die Chance, beides empfangen und weitergeben zu dürfen. Geh-Beten kann Ihnen Harmonie und Einheit bringen, und es kann Sie befähigen, beides auch anderen Menschen weiterzugeben.

Geh-Beten sagt mir, daß alles im Lot ist.

Geh-Beten ermöglicht beides: Sein und Tun

Warum aber trifft ausgerechnet das Geh-Beten so zielsicher den *Trend unserer Zeit*? Ich glaube, es ist uns so sympathisch, weil es so perfekt in unsere Kultur paßt – unsere moderne Kultur, in der wir ständig mindestens zwei Dinge auf einmal erledigen wollen und zwischen unterschiedlichen Wertvorstellungen zerrissen werden. Ganz offensichtlich liegt eine große Stärke unserer Zivilisation im Leisten, im *Tun*. Mehr und mehr wird uns zusätzlich aber auch der Wert des Seelenfriedens, des *Seins* bewußt. Wenn man uns fragt, was wir dieser Tage so treiben, antworten immer mehr von uns wie selbstverständlich: »Ich übe mich darin, zufrieden zu sein.« Das Geh-Beten kommt dem westlichen Bedürfnis nach Tun (gehen) ebenso entgegen wie dem östlichen

Bedürfnis nach Sein (beten). Den westlichen Menschen drängt es danach, sich zu regen, zu handeln, Dinge zu bewegen, während der östliche Mensch sich danach sehnt, stille zu werden und zu wissen, daß Gott Gott ist: »Geh in Dein Zimmer, denn Dein Zimmer wird Dir alles beibringen«. Diese geistliche Übung erfüllt das Verlangen des Körpers nach Dynamik genauso wie das Verlangen der Seele nach Entspannung und Kontemplation. Wir können innerlich ruhig werden, während wir gleichzeitig äußerlich so aktiv sind, wie es uns gefällt.

Da wir gerade von »außen« sprechen: Unser Geh-Beten wird meistens wahrscheinlich draußen stattfinden – obwohl das nicht zwingend erforderlich ist. Einkaufspassagen, Turnhallen oder die langen Flure einer Schule, eines Krankenhauses oder eines Bürogebäudes können extrem anregende Umgebungen für diese Gebetstechnik sein.

Dennoch hat es für unser geistliches Trainingsprogramm unzweifelhaft große Vorteile, wenn wir draußen in der freien Natur sind. In diesem Zusammenhang entdecken wir einen weiteren Grund, warum das Geh-Beten so geeignet für unsere moderne Zeit ist: Es liegt völlig im Trend der Zeit, wenn wir den Wert, die Schönheit und die Vielfalt der Natur, unserer Umwelt aufs neue wertschätzen. Das Geh-Beten erlaubt uns, mit der Natur Zwiesprache zu halten, und ist es nicht letztlich die Einheit und die vertraute Zwiesprache mit der Natur, mit dem Göttlichen, was wir so leidenschaftlich suchen? Das Geh-Beten ist eine Tätigkeit, die der Natur entspricht. Darum ist es auch erholsam. Geh-Beten in der freien Natur gibt uns die Möglichkeit, in einer angenehmen Umgebung ein wenig auszuruhen.

Sie merken, daß die Übung, die wir Geh-Beten nennen, ausgewogen und maßvoll ist, ideal für alle diejenigen, die sich in der »Sein oder Tun«-Debatte, die die Menschheit seit Jahrhunderten beschäftigt, keiner extremen Position anschließen wollen. Ich glaube, die meisten Menschen kommen mit dieser Ausgeglichenheit gut zurecht. Was das Körperliche betrifft, ist Gehen zweifellos ein gemäßigtes Training. Gerade wegen seiner sanften Dynamik, seiner ansprechenden Art und seiner individuellen Anpassungsfähigkeit ist es wie geschaffen dafür, uns alle körperlichen und emotionalen Vorzüge zu verleihen, die wir anstreben: Gewichtsabnahme, Muskelaufbau und Streßminderung.

Schließlich rücken wir langsam von der Vorstellung ab, daß nur ein quälendes und schweißtreibendes Training erfolgversprechend ist – so wie wir allmählich begreifen, daß die Geistes- und Naturwissenschaften keineswegs langweilig und kompliziert sein müssen: Weder Shakespeare noch Mozart, weder Einstein noch Descartes noch Hawking, weder Trigonometrie noch Lyrik, weder ein PC-Betriebssystem noch die Summa Theologica sind zwangsläufig unverständlich, ohne Bezug zum Leben oder einschläfernd! Und endlich kommen wir dahinter, daß *wenig* Aufwand *viel* Wirkung haben kann. Geh-Beten ist eine heilsame, erfrischende Übung, die all dem Rechnung trägt. Außerdem verspricht es uns wahre Gesundheit an Körper und Seele und nicht nur die gängige »Fitneß«. Oder laufe ich Gefahr, alles zu ideal zu zeichnen? Dieses Risiko besteht natürlich, und ich hoffe, daß ich auch hier dem Dreh- und Angelpunkt einer gesunden Ausgewogenheit gerecht werde.

Es gibt Menschen, für die ist ein Trainingsprogramm kein Luxus, sondern eine medizinische Notwendigkeit. Andere wiederum setzen als Hobby fort, was einst als therapeutische Maßnahme begann. Ein befreundeter Priester fing nach einem Herzanfall damit an, jeden Tag spazierenzugehen. Er erzählte mir folgendes:

Der Kardiologe sprach mir eindringlich ins Gewissen: »Mindestens eine halbe Stunde täglich, vergessen Sie das nicht!« Da mir die Alternative noch deutlich vor Augen stand, hielt ich mich sehr genau an seine Anweisung. Also verbrachte ich im letzten Jahr jeden Tag eine halbe Stunde damit, ruhig durch die Wiesen und Felder und über die Hügel meiner Heimat zu streifen. Im Laufe der Zeit wurde diese friedliche halbe Stunde für mich zu einem kostbaren Termin. Es ist meine Atempause, in der ich mich auf den ruhigeren Arbeitstakt einstimme, den ich inzwischen so schätze. ... Nüchtern betrachtet, kann ich mir die Zeit für meine Streifzüge sicher nicht leisten. In meinem vollgestopften Terminkalender bedeutet eine halbe Stunde täglich eine kleine Ewigkeit. In meiner Arbeit finde ich nie ein Ende; also mußte ich lernen, mir die Zeit freizuboxen.

Heute ermuntert der Priester andere Menschen, es ihm gleichzutun: »Die junge Mutter und Hausfrau, die beschließt, im Park einige Minuten der Sammlung zu suchen, wann immer es das Wetter erlaubt, trifft eine Entscheidung, die für ihren Glauben vermutlich ebenso wichtig ist wie für ihre geistige Gesundheit.«

Kein Zweifel: Inmitten unserer hektischen und vielbeschäftigten Gesellschaft ahnen wir, daß wir unser Tempo drosseln müssen, und dies sowohl physisch, als auch emotional und geistig. Das Wunderbare am Geh-Beten ist, daß es uns gestattet, nach außen hin aktiv zu sein, uns zu regen und zu bewegen, während wir zugleich innerlich gelassener und ruhiger werden und uns sammeln. Wir lernen, auf unsere Schritte zu achten, während wir gehen, so daß wir nicht gedankenlos durchs Leben stolpern. Gleichzeitig blicken wir auf und richten unsere Augen von neuem auf den Horizont, auf den großen Zusammenhang.

Da die meisten von uns auf sich selbst gestellt sind, soweit es die Seele betrifft, kann uns das Geh-Beten auf verschiedene Weise helfen, zurechtzukommen:

- Geh-Beten ist eine Entspannungsübung, die uns hilft, mentale und muskuläre Spannungen abzubauen.
- Geh-Beten ist eine Form der Meditation.
- Geh-Beten fördert unsere Phantasie: Wir vergegenwärtigen uns einen friedlichen und trostreichen Ort in unserem Innersten.
- Geh-Beten hilft uns, unsere Vorstellungskraft zu gebrauchen: Indem wir uns ausmalen, wie wir in jeder beliebigen Situation unser Selbstvertrauen und unsere Kompetenz behaupten, lernen wir, unsere Gefühle zu beherrschen.
- Geh-Beten ermutigt zum konstruktiven Selbstgespräch.

Faxgeräte, das Internet, E-Mail, Telefone, die Medien, alle diese modernen Errungenschaften ermöglichen es uns – ja sie spornen uns dazu an –, uns mit Nebensächlichkeiten, mit dem Vergänglichen und mit unserem eigenen Ego vollzustopfen. Wir spüren immer drängender die Notwendigkeit, davon loszukommen. Ist es nicht verblüffend, daß wir, um dies zu erreichen, nichts anderes tun müssen, als eine der alltäglichsten und natürlichsten Tätigkeiten neu zu entdecken?

Noch aus einem weiteren Grund ist das Geh-Beten so richtig und wichtig für uns und unsere Zeit: Es erzieht uns zur »Frömmigkeit« – und auch dies mit Bedachtsamkeit und nur in dem Maße, wie wir selbst es zulassen. Es treibt uns hinaus in die Schöpfung und läßt uns erkennen, daß Gott nicht nur weit weg im Himmel wohnt, auch nicht nur in der Kirche, sondern gerade hier: vor und hinter uns und an unserer Seite, während wir gehen. Gott lebt in unseren Beziehungen und in unseren eigenen Herzen.

Jene geistige Beziehung knüpfen

Etwa um 1968 beschäftigte ich mich auf dem College intensiv mit Henry David Thoreau. Ich war damals auf der Suche nach einem tieferen Sinn. Meine eigene Herkunft als Bauernjunge machte mich besonders aufgeschlossen für Thoreaus berühmte »Apologie« *Walden:*[4]

> Ich zog in den Wald, weil ich den Wunsch hatte, mit Überlegung zu leben, dem eigentlichen, wirklichen Leben näherzutreten, zu sehen, ob ich nicht lernen konnte, was es zu lehren hatte, damit ich nicht, wenn es zum Sterben ginge, einsehen müßte, daß ich nicht gelebt hatte. Ich wollte keine Entsagung üben, außer es wurde unumgänglich notwendig. Ich wollte tief leben, alles Mark des Lebens aussaugen.

»Das Mark des Lebens«. Wie unsere Seele und unser Geist ist auch das Mark des Lebens dem Auge meist verborgen. Und doch ist es durchaus gegenwärtig. »Tief leben« und »alles Mark des Lebens aussaugen« bedeutet, *geistige* Beziehungen zu knüpfen. Wenn Thoreau hingegen schreibt, daß es darum gehe, »keine Entsagung zu üben«, »außer es sei unumgänglich notwendig«, dann glaube ich, daß es allerdings dringend notwendig ist. Der Lebensberater und Autor Dr. Howard Clinebell betont:

> Geistiges Wachstum ist der Schlüssel zu jedem menschlichen Wachstum. Da wir Menschen von Natur aus persönlich-

keitsüberschreitend und transzendent sind, gibt es keine andere Möglichkeit, sich selbst zu »verwirklichen«, als durch Beziehung zur größeren geistigen Wirklichkeit. ... Unsere »geistigen« Sehnsüchte und Bedürfnisse sind keineswegs nur Ableger oder Spiegelbilder anderer, fundamentalerer Eigenschaften unserer Persönlichkeit, wie es einige psychotherapeutische Schulen formuliert haben. Vielmehr sind sie für all das wesentlich, was an uns Menschen *menschlich* ist.

Ungeachtet all ihrer Schönheit und Wunder ist diese Welt eben nur *diese* Welt. Wir Christen glauben an die Auferstehung, und wir sollten »Auferstehung üben«, wie es der Dichter Wendell Berry ausdrückte. Das bedeutet in meinen Augen, daß wir durchaus auch ein wenig Entsagung üben müssen. Wir sollten unsere Frist auf Erden als einen Teil der Ewigkeit begreifen, denn nichts weiter ist sie. »Dein Reich komme«, so beten wir und glauben zugleich, daß es bereits hier und jetzt angebrochen ist. Je harmonischer wir uns auf ein geistiges Leben einstimmen, desto weniger »Eingewöhnung« wird später notwendig sein. Der springende Punkt ist *Integration*. Wir müssen uns eine unvoreingenommene Geisteshaltung zu eigen machen, damit wir offen werden für andere und für Gott. Das ist die Quintessenz des ganzheitlichen Denkens, das heutzutage viele Psychologen, Soziologen und Humanisten umtreibt.

Gleichermaßen faszinierend ist die Sache von der anderen Seite her betrachtet: Theologen und geistliche Autoren beziehen immer stärker physiologische Erkenntnisse in ihre Überlegungen ein. Der geistliche Aufschwung, den wir zur Zeit erleben, beruht zu einem großen Teil auf der Wiederentdeckung des *Körpers* und der Einsicht, daß der Körper eine sichtbare Manifestation des Wesens einer Person ist. Professor Lawrence S. Cunningham von der Notre-Dame-Universität in Indiana schrieb dazu in der Zeitschrift *U.S. Catholic*:

> Wir stammen unlöslich von der Erde, sind aber durch Gott erleuchtet, das heißt: von seinem Lebensatem erfüllt. Gott schuf mich als lebendige Person, mit einer Körperlichkeit, die durch ihn, den lebendigen Gott selbst, beseelt wurde. ... Darum müssen wir, kurz gesagt, lernen, daß wir durch unsere Existenz als Menschen aus Fleisch und Blut in Beziehung zu Gott treten; und ohne diese Beziehung gibt es keinen Weg zum Göttlichen.

»Die Tragweite dieser Erkenntnis ist atemberaubend. Wir müssen nur lernen, die Dinge in der richtigen Perspektive zu sehen«, schreibt Cunningham weiter. »Menschliche Liebe führt zu göttlicher Liebe; menschliche Wärme ist ein Prüfstein für göttliche Fürsorge; menschliche Freude weist auf den hin, der alle Sehnsüchte stillt.«

Das feine Gespür für alles Geistige, das wir gegenwärtig wahrnehmen, stattet die ganze Natur mit heiligem Sinn aus, auch unsere körperliche Existenz. Eben mit *Beziehung und Verbindung*. Nichts ist davon ausgenommen. In der Tat: der Flügelschlag eines Schmetterlings kann einen Sturm auslösen.

Unsere Einsicht, daß der *Körper* ein vollwertiger Teil unseres Selbst ist, ist vor allem für religiöse Fragen von Bedeutung. Wir sollten uns in Erinnerung rufen, daß das Wort 'Religion' ursprünglich bedeutete, etwas zusammenzubinden, *eine Beziehung herzustellen*. Vielleicht müssen wir einsehen, daß unsere Unfähigkeit, das Leben voll auszukosten, zum Teil durch unser traditionelles Mißtrauen dem Körper gegenüber bedingt ist.

Dauerte es vielleicht deshalb so lange, bis wir lernten, wie man *gleichzeitig* geht und betet? Denn unsere westliche Zivilisation brauchte ja tatsächlich ewig lange, um eine Ahnung von dem inneren Beziehungsgeflecht der gesamten Schöpfung zu bekommen – nicht nur auf global-politischer Ebene, sondern auch auf der persönlich-menschlichen. Zum Glück erkennen wir inzwischen immer stärker, daß wir von den Ideen und Erkenntnisse anderer Traditionen, Glaubens- und Fachrichtungen enorm profitieren können, auch von der Wissenschaft und von den orientalischen Religionen. (Ist es nicht interessant, daß ich, noch während ich dies niederschreibe, die Dinge in verschiedenen »Schubladen« oder »Welten« kategorisiere? Vermutlich wird sich auch dies eines Tages ändern.)

Leider habe ich den Eindruck, daß uns Menschen hier im Westen, wo Autonomie, Individualismus und Unabhängigkeit großgeschrieben werden, eingeimpft wurde, daß wir jeder Einheit entgegenzuwirken haben. Schon der amerikanische Transzendentalist Ralph Waldo Emerson predigte unablässig den radikalen Individualismus (self-reliance), und im Grunde wurde uns selbst im Katechetikunterricht beigebracht, mißtrauisch gegenüber allen sozialen Vernetzungen und Abhängigkeiten zu sein. Ich glaube, daß wir in mancherlei Hinsicht dazu erzogen wurden – vielleicht sogar unbewußt –, uns besonders gegen eine Einheit mit dem Göttlichen zu wehren. Während unsere Herzen uns drängten, diese Einheit anzustreben, überredeten unsere Hirne uns, dieser Einheit zu widerstehen. Warum? Weil unsere Hirne begreifen, wieviel Anstrengung und *Verantwortungsbewußtsein* diese Einheit verlangt. Wir beten: »Wir sind nicht würdig«, aber ich glaube, was wir eigentlich meinen, ist: »Wir sind noch nicht soweit.«

Morgan Scott Peck beschreibt diesen provokativen Gegensatz eindrucksvoll in seinem richtungweisenden Buch *Der wun-*

derbare Weg.[5] Wenn wir »Gott in uns« erst einmal entdeckt haben, so behauptet er, dann werden wir uns verpflichtet fühlen, fortan den beschwerlicheren Weg zu wählen, »den Weg der größeren, nicht der kleineren Mühsal«. Dies ist gleichsam eine »Warnung« an alle Geh-Beter: Je weiter oder tiefer uns unsere geistlichen Streifzüge führen, desto leidenschaftlicher werden wir uns herausgefordert oder verpflichtet fühlen, in uns selbst hinabzusteigen. Erleuchtung zieht Verantwortung nach sich. Wenn wir erst einmal hinter gewisse aufregende Geheimnisse gekommen sind, haben wir die moralische Verpflichtung, uns damit auseinanderzusetzen; wenn wir erst einmal etwas Wunderschönes entdeckt haben, müssen wir uns um seine Bewahrung kümmern; wenn wir uns erst einmal der Liebe Gottes geöffnet haben, kann es uns passieren, daß Gott regelmäßig bei uns einkehrt.

Pilgerreisen, Prozessionen – und Geh-Beten

Traditionell bedeutet eine Pilger- oder Wallfahrt eine Reise zu einem heiligen Schrein oder einer Kultstätte, die aus Gründen des Glaubens unternommen wird. Solche Reisen sind weitverbreitet und in allen Religionen und bei allen Völkern zu finden. Auch und gerade in früheren Zeiten, als das Reisen mit erheblichen Mühen verbunden war, waren Wallfahrten üblich und beliebt.

Im Alten Testament, bei den Vorschriften über das Opfer der Erstlingsfrüchte bei der Kornernte, finden wir die Beschreibung einer alten kanaanitischen Wallfahrt zu einem Hauptheiligtum (Dtn 26,1–10; 1 Sam 1,3–7). Nachdem König David später die Bundeslade nach Jerusalem gebracht hatte, wurde die Stadt zum Mittelpunkt des israelitischen Wallfahrtswesens. Bei den Israeliten wurden Pilgerreisen sogar vorgeschrieben: Die Gesetzessammlungen des AT belegen, daß die Stämme Israels, das heißt alle männlichen Erwachsenen, zu den drei großen »Pilgerfesten«, vor allem zum Pascha, »vor Jahwe erscheinen« sollten. Psalm 41 ist ein Zeugnis dafür, daß die Israeliten sogar während des Exils und danach an der Tradition ihrer Wallfahrten festhielten. Auch der jüdische Geschichtsschreiber Josephus Flavius berichtet von den Pilgerströmen in Jerusalem aus Anlaß der großen Jahwe-Feiern. Schließlich nimmt auch das Neue Testament immer wieder Bezug auf israelitische Pilgerfeste (Lk 2,41f; Joh 2,13;5,1;7, 2–10.12–20; Apg 2,1–11).

Die Christen übernahmen diese Tradition und führten sie ununterbrochen durch alle Jahrhunderte hindurch fort. Vor allem pilgerten sie zu Orten des Lebens Jesu und der Heiligen- und Reliquienverehrung, aber auch zu Wunderschauplätzen. Bis heute locken die Stätten von Marienerscheinungen oder das Heilige Land unzählige christliche Pilger aus aller Welt an.

Die Geschichte der Pilgerreisen steckt voller Leidenschaft – aber auch voller Konflikte. Zu den Kirchenlehrern und großen Predigern, die Kritik an den Auswüchsen der Wallfahrtspraxis übten, gehörte der heilige Hieronymus. Er argumentierte, daß für einen Christen eine Reise ins Heilige Land nicht vorrangig sein dürfe; vielmehr komme es darauf an, ein gottgefälliges Leben zu führen. »Das Himmelreich«, so schrieb er, »kann man von Britannien aus ebenso gut erreichen wie von Jerusalem aus.« Auch wenn eine im rechten Glauben unternommene Pilgerreise durchaus der Erlösung dienen könne, rechtfertige dies kaum, daß man seine Pflichten in Familie und Gesellschaft mißachte, um auf den Pilgerstraßen von dannen zu ziehen. Natürlich gab es aber auch namhafte Fürsprecher der Wallfahrten. Thomas Morus zum Beispiel verfaßte 1529 eine Abhandlung zur Verteidigung

dieses Brauchs. Darin schrieb er: »Es hat noch keinen Pilger gegeben, der nicht um ein Vorurteil ärmer und eine Vision reicher
in sein Heimatdorf zurückgekehrt ist.«

Wir alle kennen gewiß Menschen, die begeistert davon erzählen, wie sie in Frieden mit Gott und gestärkt, wenn nicht
sogar geheilt, an Körper und Seele von Pilgerreisen heimge-
kehrt sind. Ich werde später noch auf dieses Thema zu sprechen kommen.

Welche innere Triebkraft spornt die Menschen zu solchen
Prozessionen an? Das Wort selbst bedeutet »vorwärtsschreiten«,
von einem Ort zu einem anderen oder von einem Zustand in einen anderen fortschreiten. B. I. Mullahy unterstreicht diesen
Punkt, wenn er schreibt:

Ein Christ kann niemals vergessen, daß die Wurzeln seines
geistlichen Lebens im Alten Testament liegen, in dem Gott
sein auserwähltes Volk auf dem langen Zug aus Ägypten und
später aus dem Exil zurück in die Heimat begleitete. Das Leben des Christen ist eine fortwährende Nachfolge in den
Fußspuren Christi und seines Kreuzes auf der Straße zum
Himmelreich ... Prozessionen, bei denen ja in der Regel ein
Kreuz vorneweg getragen wird, sind ein offenkundiger Ausdruck dafür, daß das christliche Leben eine ständige Bewegung auf Gott hin und das Gebet eine Art ›Gehen mit Gott‹
ist. Sie sind ein sichtbares Bild der Kirche auf ihrer ständigen
Pilgerreise hier auf Erden.

Das Geh-Beten überträgt all dies *auf den einzelnen Menschen.*

2

Die Methode:
Wie gelingt das Geh-Beten?

»E s müssen nur zwei Bedingungen erfüllt werden, damit ein Phänomen eine religiöse Tragweite erhält«, schrieb der Philosoph und Psychologe Karlfried von Dürckheim. »Es muß einfach sein, und es muß wiederholt werden.«

Atemzug ... Schritt ... Zahl ... Äußerung: das sind die einfachen und wiederholbaren Grundbegriffe des Geh-Betens. In diesem Kapitel werden wir uns mit jedem einzelnen genauer beschäftigen. Bitte denken Sie immer daran: Das Geh-Beten ist eine *einfache* Übung, man hat es auch als »täuschend einfach« bezeichnet. Die Publizistin Theresa Mancuso schreibt dazu:

> Gehen. Die einfachste Methode, um von hier nach dort zu gelangen. Eine außerordentlich günstige Gelegenheit zum Meditieren. Wenn wir dies erst einmal begriffen haben, kommt der Rest von allein. Wir wundern uns, warum wir so lange brauchten, um zu lernen, wie man geht und betet.

Noch eine Vorbemerkung: Man kann nicht *falsch* geh-beten. Es hat sich lediglich gezeigt, daß einige Methoden besser geeignet sind als andere. Wenn Sie einen »Spaziergang mit Seele« machen wollen, dann geht es allein um *Ihre* Seele. Darum ist es so wichtig, daß Sie herausfinden, welche Methode *Ihnen* persönlich zusagt. Vieles ist erlaubt, sogar »Abkürzungen«, Verschnaufpausen oder Unterbrechungen, um den Ausblick zu genießen oder nur eine Raupe auf dem Weg zu beobachten.

Selbst auf der kurzen Strecke vom Auto ins Büro oder von der Garage bis zur Haustür können Sie Ihren Geist und Ihr Herz Gott zuwenden, während Sie gehen. Glauben Sie mir: Schon wenn Sie dieses bißchen Zeit und Konzentration aufbringen, um zu geh-beten – gleichgültig, wie kurz oder lange, wie »mustergültig« oder »laienhaft« –, werden Sie reich belohnt werden. Sie werden sich selbst und Gott mit seiner Schöpfung in einem neuen Licht sehen und begreifen, wie alles miteinander verwoben ist. Klingt das mystisch? Nun, es *ist* mystisch!

Wir sind in der Tat »mystische Wanderer« und aufgefordert, »Alltagsmystiker« zu werden, die die unzähligen »Weihestätten« und heiligen Orte im täglichen Leben immer bewußter wahrnehmen. Denn da draußen gibt es mehr davon, als wir uns je vorstellen können.

Die Mönche, meine Lehrmeister

Wie ich schon erwähnte, mache ich keinen Hehl daraus, daß mein ganzes Wissen über das Geh-Beten aus Klöstern stammt. Dabei war es immer das Vorbild anderer Menschen, das sich mir einprägte. Es begann, als ich noch ein kleiner Junge war. Mit 13 Jahren, in einem Alter also, in dem Kinder noch begeisterungsfähig sind und sich nachhaltig beeinflussen lassen, kam ich auf eine Klosterschule. In dem Benediktinerkloster, das die Schule betrieb, lebten damals ungefähr 150 Mönche. Natürlich war es uns Schülern, wie allen Außenstehenden, verboten, den inneren Bereich des Klosters zu betreten, aber hin und wieder konnten wir doch einen raschen Blick hineinwerfen. So beobachteten wir, wie sehr diese Männer die Regel des heiligen Benedikt, deren Quintessenz jenes berühmte *Ora et labora* (Bete und arbeite) ist, verinnerlicht hatten: Gewöhnlich unterbrachen sie ihr Gebet nicht, nur weil sie gerade irgendeine andere Tätigkeit aufnahmen.

Schon lange vor dieser Beobachtung waren es ebenfalls Benediktiner, die meiner Familie und meiner Gemeinde eine besondere Form des Geh-Betens nahebrachten: die Prozessionen. In jedem Mai und Oktober veranstalteten sie große Marienprozessionen zum Altar Unserer Lieben Frau von Monte Cassino in meiner Heimatpfarrei. An diesen Sonntagen versammelten sich Hunderte von Gläubigen und schritten in langen Prozessionen betend durch die riesigen Obstgärten und Weinberge meiner Heimat, um die Gottesmutter zu ehren. Ich erinnere mich lebhaft, wie wir Brüder und Schwestern, Eltern und Freunde mit kindlicher Frömmigkeit und Begeisterung zusammen durch das frühlingshaft satte Gras und unter Millionen von Apfelblüten schritten. Und später, in Herbst, waren wir wieder zur Stelle und brachten unsere Anliegen und Danksagungen geh-betend vor Maria, diesmal angesichts der reifen Äpfel und Trauben.

Viele von Ihnen werden ähnliche Erinnerungen an liebgewordene liturgische Traditionen aus der Kindheit haben. Wenn Sie wie ich auf dem Lande groß geworden sind, erinnern Sie sich vielleicht an jene drei Bittage vor Christi Himmelfahrt, an denen in vielen dörflichen Gemeinden lange, feierliche Prozessionen veranstaltet wurden, um für eine reiche Ernte und genügend Regen und Sonnenschein zu beten. Oder Sie entsinnen sich der Hochzeits- und Beerdigungsprozessionen. Oder vielleicht sind auch Sie einmal in Zweierreihen von der Schule in die Kirche marschiert. Ich weiß noch, wie uns die Ordensschwestern damals einschärften, jeden Schritt zu einem Gebet zu machen. Der Gedanke fesselte mich so, daß ich sogar jedes Haar auf meinem Kopf zu einem Gebet machen wollte.

Später war es die Abtei Gethsemani, die einen inspirierenden und lehrreichen Einfluß auf mich ausübte. Seit den siebziger Jahren habe ich mich regelmäßig zur Besinnung in dieses Trappistenkloster in Kentucky zurückgezogen, und so wurde es für mich im Laufe der Zeit zu einem liebgewordenen Zufluchtsort, an dem ich meine quälendsten Sorgen und meine glücklichsten Augenblicke vor Gott bringe. Hier vermerkte ich vor wenigen Jahren zum erstenmal in meinem Tagebuch: »Ich komme gerade von einem Geh-Bet zurück.« Zuerst war mir bewußt geworden, daß ich ging, dann, daß ich betete, schließlich, daß ich geh-betete.

Heute bemühe ich mich, Zeit für mindestens vier oder fünf große Geh-Bete in der Woche zu finden und zusätzlich jeden Tag einige »Mini-Geh-Bete« einzuschieben. Natürlich fällt mir das nicht leicht, und an vielen Tagen werde ich meinem eigenen Anspruch überhaupt nicht gerecht. Aber es gibt auch Tage, an denen es wie von allein klappt. Am liebsten geh-bete ich in einem Naturpark in der Nähe meines Hauses, wo es einen See und viele Wanderwege gibt. Aber auch mein Arbeitsplatz auf dem Gelände des Benediktinerklosters St. Meinrad bietet eine wunderschöne, ruhige, landschaftlich reizvolle Umgebung, einfach einen heiligen Ort. Wir sollten uns immer daran erinnern, daß jedes Fleckchen Erde zu einem heiligen Ort wird, indem es durch unser Geh-Beten für uns geheiligt wird.

Viele meiner Geh-Bete finden spontan statt, wo immer ich gerade bin. Dasselbe wird auch für Sie gelten. Ich behaupte das, weil ich von der Wahrheit jenes alten Sprichworts überzeugt bin: »Du weißt mehr, als Du denkst.«

Fünf Schritte zu einem gelungenen Geh-Bet

Als ich mich erstmals systematisch mit dem Geh-Beten auseinandersetzte, teilte ich den Ablauf in fünf Schritte auf. Zwei Jahre, nachdem ich diese Überlegungen niederschrieb, bin ich immer noch davon überzeugt, daß es fünf entscheidende Bausteine sind. Ich erwähne sie an dieser Stelle nur kurz und werde später jeden einzelnen genauer beschreiben:

1. *Abstand nehmen*: Gehen Sie weg aus ihrem Haus, aus dem Büro, vom Telefon. Sie brauchen diese Distanz, um die Dinge so zu sehen, wie sie sind. Ähnlich, wie man zuweilen den Wald vor lauter Bäumen nicht sieht, kann es passieren, daß man seine Seele aus dem Blickwinkel verliert, wenn alles um einen herum nur das Körperliche und Rationale anspricht. Jeder sollte sich einen »Zufluchtsort« suchen, an den wir uns von den aufreibenden Ansprüchen unseres Lebens zurückziehen können, um allein für uns zu sein. Später können wir einen Schritt weitergehen und lernen, »mit Gott allein« zu sein.

2. *Offen werden*: Nehmen Sie Ihre Umgebung wahr, jene Umgebung, die Sie von Ihrem Zuhause oder dem Auto aus nicht sehen können. Betreten Sie absichtlich fremdes Gebiet und stellen Sie die gegenwärtige Wirklichkeit in Frage. Beruhigen Sie das Bedrängte in sich, aber bedrängen Sie auch das Geruhsame in sich selbst.

3. *Sich Besinnen*: Verweilen Sie bei Ihren Erinnerungen, den guten und den schlechten, und denken Sie immer weiter zurück, bis in Ihre Kindheit. Alles, was Sie in Ihrem Leben kennengelernt und erfahren haben, begleitet Sie auf Ihrem Weg. Es ist alles ein Teil von Ihnen. Nehmen Sie darum Ihr

vollständiges Ich mit auf den Spaziergang und betrachten Sie die einzelnen Teile mit dem Willen, sie in das Ganze einzufügen.

4. *Bereuen* – besser noch – *denken Sie um*: Nehmen Sie neue Richtungen, neue Chancen in Ihrem Leben wahr. Treffen Sie eine Entscheidung für irgendeine positive Veränderung in Ihrem Verhalten oder in Ihrem Umgang mit anderen Menschen oder in Ihrer Reaktion auf den Ruf Gottes. Natürlich klingt das riskant und provokativ; aber wir sind aufgefordert, uns fortwährend zu ändern und unseren Willen immer stärker in Einklang mit dem Willen Gottes zu bringen.

5. *Wiederholen*: Damit Ihr Geh-Beten fruchtbar werden kann, wiederholen Sie es oft und regelmäßig. Der Erfolg regelmäßiger Übungen ist dauerhaft und mitreißend.

Beten bedeutet Lieben

Bevor wir uns damit beschäftigen, *wie* man geh-betet, sollten wir uns noch einmal auf das *Ziel* des Geh-Betens besinnen, und das ist in erster Linie das Gebet. Was ist ein Gebet eigentlich? Im letzten Kapitel haben wir bereits überlegt, daß es eine Suche nach Einheit ist, und zwar vor allem nach Einheit mit Gott. Natürlich läuft das Beten bei uns allen gewöhnlich darauf hinaus, daß wir Gott um etwas *bitten* oder ihm für etwas *danken*. Aber auch dabei geht es um diese Einheit, und Bitt- und Dankgebete werden immer ganz besonders wichtige Formen des Sprechens mit Gott bleiben. Auch das »Gebet um Einheit«, um das es uns geht, ist eine Verknüpfung von Bitte und Dank.

Überdies ist es durchaus akzeptabel, wenn wir bei unserem Beten auch Stille, Gelassenheit, inneren Frieden oder sogar neue

Einsichten suchen. Es sollte uns jedoch klar sein, daß dies nur Ne-
benprodukte und nicht das eigentliche Ziel des Betens sind.
Wenn es uns nur um unseren eigenen Frieden und Einsichten für
uns selber geht, werden wir wahrscheinlich nicht nur ziemlich
langweilige Menschen werden, sondern vor allem werden wir
wohl niemals lernen, was es heißt, ein wahrhaft christliches Leben
zu führen. Unser Gebet verlangt unweigerlich nach Antwort –
und nach Verantwortung. Morton Kelsey beschreibt dieses Phänomen sehr eindringlich:[6] Christliche Meditation ist eine Erfahrung, die man nur schwer teilen kann, denn sie zielt darauf ab,
daß sich der Betende der Liebe Gottes aussetzt und dann mit seinem tiefsten Inneren darauf aufrichtig und in vollem Umfang
antworten muß. Dies bedeutet eine Verletzlichkeit, die »wie jede
Liebesbeziehung das Risiko einer Veränderung« birgt.

Zwei weitere Ansprüche stellen alle Liebenden und jede Liebesbeziehung: Verfügbarkeit und Aufmerksamkeit. Ich glaube,
daß es zwei Seiten einer Medaille sind, aber im Hinblick auf unsere Gebetserfahrung ist es dennoch gut, jeden Aspekt für sich zu
betrachten.

Beten bedeutet vor allem anderen, für Gott *verfügbar* und
Gott gegenüber *aufmerksam* zu sein. Wir wissen alle aus persönlicher Erfahrung, daß eine gewisse Einsamkeit und ein ruhiger
Ort unentbehrlich sind, um diese Verfügbarkeit und Empfäng-
lichkeit für Gott hervorzurufen. Damit soll der Betende gewiß
nicht selber etwas bewirken, sondern er soll zulassen können,
daß etwas geschieht. Der große Mystiker Johannes vom Kreuz
verdichtete dies alles in dem Satz:

Beim Beten
werde leer,
tue nichts.

Dieser Satz beschreibt unseren idealen Gemütszustand beim Aufbruch: Wir sollten offen für den Heiligen Geist sein, bereit, uns führen zu lassen und willig, nachzufolgen. Es ist der »erste Schritt« zum Geh-Beten.

Alles weitere ist lediglich das, was ich als »Geh-Beten auf der weniger befahrenen Straße« bezeichnen möchte. Damit meine ich den Auftrag zur inneren Umkehr, auf die der Betende hinarbeitet, *während* er geh-betet. In seinem Buch *Shank's Mare* beschäftigt sich Henry E. Woodruff mit einem Phänomen, das unter Wanderern als die »mittleren Kilometer« gefürchtet ist: jene besonders anstrengende Etappe in der Mitte einer Wanderung, auf der die Begeisterung des Aufbruchs verschwunden ist und die Vorfreude auf die Ankunft den Schritten noch keinen neuen Schwung verliehen hat, so daß allein das Gefühl einer kräftezehrenden Schinderei gegenwärtig ist. Ich fürchte, daß auch Sie auf ihren geh-betenden Wanderungen Bekanntschaft mit diesen »mittleren Kilometern« schließen werden, wenn die Faszination des Neuen erlahmt. Auf unserem Wanderweg da draußen werden wir auf einiges stoßen, das uns neue Richtungen aufzeigt. Wir alle sind eingeladen zu einem Neubeginn, zur Reue, zu »der weniger befahrenen Straße«, zur »engen Pforte«. Und wie wir nur zu gut wissen, warten da draußen nicht nur Frieden und Ruhe auf uns.

Der Trappist M. Basil Pennington hat sich in seinem Buch *Centering Prayer: Renewing an Ancient Christian Prayer Form* damit auseinandergesetzt. Er ermutigt uns: »Das schmerzhafte Gefühl von Schuld und Entfremdung [das wir vielleicht spüren] ist nur die eine Seite von etwas Wunderschönem, das wir gerade erleben«. Indem wir unser Gebet konzentrieren, erfahren wir, wie wir »begeistert sind über unser Einssein mit allem; wir werden wahrhaftig mitfühlend«. Aus diesem Grund, meint Pennington,

»finden wir die Früchte unseres Gebets nicht im Gebet selbst, sondern außerhalb der Gebetszeiten: im Laufe unseres alltäglichen Lebens, in dem wir durch den Ruf der Gnade und die Führung des Heiligen Geistes gelenkt werden«.

Noch einmal: das wichtigste Ziel ist dieses Einssein, diese Einheit, die alles andere überschreitet. Wenn diese Einheit mit dem Göttlichen unser letztes Ziel und vordringliches Trachten ist, wie es wohl sein sollte, dann müssen wir Strategien und Methoden entwickeln – und zwar kurzfristige und langfristige –, um dieses edle Ziel zu erreichen.

Wenn wir zu diesem Ziel aufbrechen, sollten wir zunächst »erste Gehversuche« machen. Wer sich vorgenommen hat, ein brillanter Pianist zu werden, setzt sich ja auch nicht gleich an einen Konzertflügel und nimmt sich Chopins schwierigste Komposition vor. Höchstwahrscheinlich beginnt er vielmehr mit einer einfachen Fingerübung – und das ganz am Anfang auch nur mit einer Hand. Oder wer seine Kinder zu einer gesunden Ernährung erziehen will, gewöhnt sie ganz allmählich an Früchte und Gemüse: hier mal ein paar Möhren, da ein bißchen Apfelmus.

Nicht anders ist es beim »Geh-Beten zur höchstmöglichen Einheit«. Wie auf dem Weg zum fehlerlosen Chopin-Konzert oder zur ausgeglichenen Ernährung geht es im wesentlichen darum, klein anzufangen, mit einzelnen *Teilen* der ganzen Übung. Später können wir die Teile dann zu einem harmonischen Ganzen zusammenfügen. Die vier wichtigsten Bestandteile des Geh-Betens sind, wie schon erwähnt: Atemzug – Schritt – Zahl – Äußerung.

Ich atme!

Es ist sehr wichtig, daß Sie sich auf Ihre Atmung konzentrieren – zumindest am Anfang, bis es Ihnen in Fleisch und Blut übergegangen ist. Sicher haben Sie schon einiges über das Trendthema »bewußtes Atmen« gehört. Aber vielleicht geht es Ihnen wie mir: Man schnappt etwas darüber auf, ohne es wirklich zu verinnerlichen.

Vor ungefähr 15 Jahren arbeitete ich mit einem Franziskaner namens Jack Wintz zusammen, einem beeindruckenden Mann. Hin und wieder gingen wir gemeinsam auf Dienstreisen oder besuchten Konferenzen über verschiedene religiöse Fragen. Bei solchen Gelegenheiten fiel mir auf, daß Pater Jack jeden Morgen in aller Herrgottsfrühe aufstand, um einige Atemübungen und andere Meditationen zu machen. Ich erinnere mich auch, wie er mir während einer besonders nervenaufreibenden Phase einmal ganz sachlich erzählte, daß er jederzeit Ruhe, inneren Frieden und Sammlung finden könne, indem er sich selbst einige bewußte Augenblicke, im Notfall nur Sekunden, gönnte. Ich war damals richtig neidisch und redete mir ein, daß das gewiß nur das Ergebnis jahrelanger Übung und Selbstbeherrschung sein konnte. Vielleicht ist das richtig. Heute weiß ich aber auch, daß vieles davon kinderleicht ist und sich um jene unscheinbare Kleinigkeit dreht, die wir unablässig tun, über die wir aber nur selten nachdenken: das *Atmen*. Das bedeutet natürlich, daß es auch um eine andere »Kleinigkeit« geht, über die wir ebenfalls viel zu selten nachdenken: Wir nennen sie *Leben*.

In dem Buch *Das Wunder der Achtsamkeit*[7] von Thích Nhât Hanh schreibt James Forest:

Der Atem selbst. Atmen. Für viele Menschen ist es eine überraschende Erkenntnis, daß etwas so Einfaches wie das bewußte Atmen eine tragende Rolle beim Meditieren und beim Beten spielt. Es ist wie die unvermutete Auflösung von manchen Kriminalromanen: viel zu offensichtlich, als daß man sie vorher bemerkt hätte.

Beim Geh-Beten ist das bewußte, wohlüberlegte Atmen der springende Punkt. Vielleicht hilft es Ihnen, wenn Sie sich vorstellen, wie Sie mit der Atemluft das Gute einatmen (Liebe, Frieden, Harmonie, Gelassenheit, Sanftmut) und das Schlechte ausatmen (Unzufriedenheit, Furcht, Verzweiflung, Ruhelosigkeit).

»Wenn es etwas gibt, was die Menschen ändern können, dann ist es ihre Atemtechnik«, schreibt die Atemtherapeutin Pam Grout.[8] Sie meint, daß die meisten von uns in unserer Kindheit schlechte Atemgewohnheiten lernten, indem wir die Luft anhielten, um Gefühle wie Furcht, Nervosität und Unbehagen zu unterdrücken. Dadurch laufen wir heute mit einem starren Zwerchfell herum. Dabei würde es uns nur gut tun, wenn wir »Zwerchfell-« oder »Ganzkörperatmende« wären und nicht reine »Brustkorbatmende«. Unsere Zivilisation hilft uns nicht weiter: Um nicht weiter aufzufallen, atmen wir flach und in einem hastigen Rhythmus und enthalten unseren Körpern auf diese Weise die ganzen Vorteile ihrer natürlichsten und normalsten Funktion vor.

Viele vermuten, daß in der Atmung echte Heilkraft verborgen ist, und auch ich bin davon überzeugt. Andere gehen soweit zu behaupten, daß sich Menschen mit einer flachen Atmung langsam selbst vergiften. Sicher sind wir uns zumindest darin einig, daß viele von uns bloß Luft schnappen. Mit einem einfachen »Bauchatmungs-Test« können wir schnell feststellen, ob wir das Beste aus der Luft machen, die wir ein- und ausatmen:

Legen Sie eine Hand auf Ihren Bauchnabel und die andere auf Ihren Brustkorb. Dann machen Sie einen tiefen Atemzug. Wenn die Hand auf Ihrer Brust höher steigt, atmen Sie nicht so wirkungsvoll, wie es Ihnen möglich wäre.

Bei meinen Nachforschungen über das Atmen stieß ich auf eine weitere faszinierende Tatsache, etwas, das hervorragend zu unseren Überlegungen über die geistige Zusammengehörigkeit paßt. In der Sprache der Ureinwohner Hawaiis gibt es das Wort *ohana*, das in unserer Zeit kurzerhand mit »Familie« übersetzt wird. In seiner ursprünglichen Bedeutung bezeichnet es jedoch eine größere Gemeinschaft, nämlich wörtlich »Menschen, die zusammen atmen«. Läßt sich diese Vorstellung nicht großartig erweitern zu einem Atmen des Geistes zusammen mit dem Heiligen Geist?

So weit, so gut. Zuerst also atmen Sie. Das ist einfach und leicht zu merken.

Dann machen Sie einen Schritt.

Achten Sie auf die Länge Ihrer Atemzüge und zählen Sie Ihre Schritte.

Dann äußern Sie leise – vielleicht sogar stumm – Ihre Gedanken oder Ihr Gebet.

Ich kann Ihren Protest schon hören: »Nun mal langsam! Wie soll ich atmen ... und gehen ... und zählen ... und sprechen ... alles im selben Augenblick?«

Nun, die Antwort auf diesen Einwand ist recht einfach: Versuchen Sie nicht alles gleichzeitig. Wenigstens am Anfang nicht. Arbeiten Sie darauf hin. Denken Sie immer daran: Wenn Sie Fahrradfahren lernen wollen, fangen Sie auch mit Stützrädern und auf einem ebenen, glatten Weg an. Wenn Sie ein kompliziertes Klavierstück einstudieren wollen, üben Sie zunächst nur mit der rechten oder der linken Hand.

Als unser erster Sohn Michael gerade eingeschult worden war, fragte ich unseren Hausarzt, wie wir es wohl anstellen könnten, sein Interesse an einem späteren Medizinstudium zu wecken. Ich erinnere mich gut an seine Antwort: »Helfen Sie ihm erst einmal durch das erste Schuljahr.«

Wenn Sie also das Geh-Beten lernen wollen, sollten Sie zunächst vielleicht einen schönen Spaziergang machen und dabei einzig und allein *auf Ihren Atem achten.* Das wäre ein großartiger Beginn und wird Ihnen helfen, das »erste Schuljahr« zu bewältigen – was schließlich kein Kinderspiel ist.

Bei der nächsten Gelegenheit könnten Sie zu einem weiteren Spaziergang aufbrechen. Während Sie nach wie vor auf Ihre Atemzüge achten, schlage ich vor, daß Sie gleichzeitig beginnen, auf Ihre *Schritte* achtzugeben. Irgend jemand hat solche Schritte einmal als »körperliches Mantra« bezeichnet, und tatsächlich können Ihre Schritte Sie bei Ihrer inneren Sammlung und Konzentration unterstützen, ähnlich wie es die ständig wiederholten religiösen Formeln der Inder tun.

Während Sie also Schritt für Schritt vorwärtsgehen und aufmerksam Ihren Atem kontrollieren, gehen Sie langsam dazu über, ihre Atemzüge und Ihre Schritte *aufeinander abzustimmen.* Mir selbst hilft es, wenn ich beim Einatmen langsam »1–2–3–4« zähle und dabei vier Schritte mache. Dann zähle ich beim Ausatmen erneut bis vier und gehe im selben Rhythmus vier weitere Schritte. Vielleicht kommen Sie besser zurecht, wenn Sie nur »1–2–3« zählen; das hängt ganz von dem Schwung ab, mit dem Sie gehen und atmen.

Ich bete!

Wenn es soweit ist, daß Ihre Atemzüge und Ihre Schritte mühelos miteinander harmonieren – und dies lernen Sie, wie soeben erläutert, am schnellsten mit Hilfe des Zählens –, dann wird es Zeit, Ihre Aufmerksamkeit auf das zu lenken, was Ihren Spaziergang zum Geh-*Bet* macht: Ihre Gedanken, Ihre Meditation oder Ihre »Äußerung«.

Im Buddhismus gibt es die Tradition der »Mantras«. Das sind religiöse Sprüche oder Formeln, die als wirkmächtig gelten und daher beim Beten ständig wiederholt werden. In der Regel sind diese Sprüche einzigartig und auf den individuellen Beter zugeschnitten. Sicher haben Sie von dem »*Oh-mmm*«-Mantra der buddhistischen Mönche gehört, das in den sechziger Jahren von der westlichen Hippie-Bewegung aufgegriffen wurde. In einigen christlichen Kreisen gibt es etwas Ähnliches: Kurze, rhythmische Gebete von etwa einem Dutzend Worten, mit deren Hilfe sich die Betenden im Laufe des Tages immer wieder neu die Gegenwart Gottes ins Bewußtsein rufen wollen.

Dieser stetig wiederholte Spruch oder diese Meditation sollte so individuell sein wie der Mensch, der ihn betet, oder wie es die eigenen Lebensumstände gerade erfordern. Als meine Mutter im Sterben lag, wiederholte ich bei meinem Geh-Beten immer wieder dieselbe Fürbitte: ein Gebet für sie, für mich, für unsere Familie und für die Freunde, die den Weg meiner Mutter aus dieser Welt begleiteten. Es war ein bekannter Vers aus Psalm 91, der in der ganzen Welt zum Nachtgebet der Ordensleute gehört: »Du brauchst Dich vor dem Schrecken der Nacht nicht zu fürchten.« Damals betete ich diesen Vers nicht nur wieder und wieder im Rhythmus meiner Schritte, sondern ich versenkte mich in die

Bedeutung der Worte und einiger anderer großartiger und trostreicher Verse aus demselben Psalm: »Wenn du mich anrufst, dann will ich dich erhören.«; »Ich lasse dich schauen mein Heil.« Und: »Ich sättige ihn mit langem Leben.«

Zu einem anderen Zeitpunkt, als mein Arbeitsplatz monatelang in Frage stand, war mein Lieblingsspruch beim Geh-Beten sehr schlicht. Es waren die Worte »Weise ... mir ... den ... Weg ...«, eine Passage aus dem gefühlvollen lyrischen Gebet *Leite mich, freundliches Licht* von John Henry Newman.

Heute lautet mein bevorzugtes »allgemeines« Gebet einfach: »Gott ... liebt«. Dabei verweile ich bei jedem Wort im Rhythmus meines Atems und meiner Schritte, nämlich 1–2–3–4. Wenn ich es schaffe, mich ganz zu versenken, dann bete ich auch schon einmal: »Wir ... sind ... eins.« Im nächsten Kapitel werde ich Ihnen weitere Gebete vorschlagen. Natürlich wechselt mein Gebet auch immer wieder einmal, weil es von verschiedenen Faktoren abhängt: wichtigen Ereignissen in meinem Leben, meinem Gemütszustand oder schlichtweg von der Jahreszeit. Zuweilen bete ich auch nur darum, daß sich meine augenblickliche Lebenssituation oder mein Gemütszustand eben *nicht* ändern mögen. Dies verwandelt sich manchmal in reine Vertrauens- oder Hingabegebete – und das sind dann Momente des innigsten Gebetes.

Wenn es mir gelingt, vollends in den Rhythmus meines Gehens einzutauchen, dann habe ich häufig erfahren, daß ich die alltägliche Wahrnehmung meiner Umgebung überschreite und in eine »völlig neue Wirklichkeit« eintrete. Damit meine ich jenen wunderbaren Raum, in dem die Zeit stillzustehen scheint und in dem wahre Freiheit liegt: »Suche die Wahrheit, und die Wahrheit wird dich frei machen.« Hier bin ich frei von allen Sehnsüchten und Planungen und bewege mich völlig im Hier und Jetzt. Es ist ein friedvoller Ort, und ich bin fest davon überzeugt, daß es Gottes Wille ist, wenn wir zumindest zeitweilig dort leben.

Ich wünsche Ihnen, daß auch Sie den Weg zu diesem Ort finden – und ihn häufig aufsuchen. Ich weiß, daß Sie es schaffen werden.

Das Tempo:
Vertrauen Sie Ihrer persönlichen Geschwindigkeit

Wie »schnell« sollten Sie beim Geh-Beten sein? Auch bei dieser Frage gilt meine Empfehlung: Finden Sie Ihre persönliche Geschwindigkeit. Alles ist erlaubt, vom »Schneckentempo« bis zum Gewaltmarsch. Lassen Sie sich zu einem Tempo treiben, das Ihren Geist anregt. Das kann durchaus bedeuten, daß Sie bei der Wahl Ihrer Geschwindigkeit von Zeit zu Zeit flexibel sein müssen, vielleicht sogar im Verlaufe eines einzigen Spaziergangs.

Eine Orientierungshilfe möchte ich Ihnen aber doch geben: Wenn Sie das Gefühl haben, daß Sie zu schnell laufen, dann haben Sie vermutlich recht. Die Redensart »Raserei tötet« hat für Geh-Beter einen besonderen Hintersinn. Ich empfehle Ihnen, Ihre Geschwindigkeit im Zweifelsfall immer zu drosseln. In einem früheren Buch habe ich diese Faustregel aufgestellt: »Werde langsamer. Die Sonne, der Mond und die Sterne zeichnen sich durch ihre Stetigkeit und Beständigkeit aus, nicht durch das Tempo, mit dem sie über den Himmel ziehen.«

Gerade wenn Ihnen die Dinge nicht in den Schoß fallen, wenn es Ihnen schwer fällt, Ihren Rhythmus zu finden, dann sollten Sie verlangsamen. Sie werden dadurch besser in der Lage sein, auf Schlaglöcher zu achten, Umleitungen zu folgen und Straßensperren zu überwinden. Natürlich ist es richtig, daß das

Geh-Beten auf seine Art ein dynamisches Training ist, aber das bedeutet nicht, daß Sie sich wie verrückt quälen müssen, um sich in Schwung zu bringen. Nebenbei bemerkt: nicht Sie sind es, der die Dinge bei Ihrem Geh-Beten in Schwung bringt.

Wenn Sie körperlich freilich topfit sind und regelmäßig ihre Kondition trainieren, wenn es also einiges an sportlicher Herausforderung braucht, um Sie in Fahrt zu bringen, dann steigern Sie Ihr Gehtempo ruhig. Ein gemütlicher Bummel wird Sie sonst nur nervös machen. Wie gesagt, vertrauen Sie der Geschwindigkeit, die *Ihnen* angenehm ist, denn schließlich geht es um *Ihr* Geh-Beten. Wenn es darum für Sie unerläßlich ist, daß Sie ins Schwitzen geraten, um Ihren Geist zu beflügeln und Endorphine freizusetzen, dann stürmen Sie ohne Bedenken los.

Im allgemeinen können Sie jedoch darauf vertrauen, daß man die Dinge auf kleiner Flamme kochen lassen sollte, um sich in eine *besinnliche* Stimmung zu versetzen. Das kann sogar bedeuten, daß man unterwegs stehenbleibt, um »eine Rose zu pflücken«. In seinem wunderbaren Buch *Wider die Leere in unserer Zeit*[9] gibt uns Sam Keen diesen Rat:

> Es ist nicht möglich, die Seele im Galopp zu hegen und pflegen. ... Die Krankheit »Hektik« ist eine Gefahr für die Pulsadern unseres Geistes. Raserei tötet. Unsere notorische Rastlosigkeit zerstört die langsamen und gemächlichen Atemrhythmen, auf die wir angewiesen sind, um intensiv nachzudenken und uns den überraschenden Chancen zu öffnen, die sich auftun, sobald wir davon ablassen, unser Leben in ein Konzept pressen zu wollen. ... Großartige und leidenschaftliche Ereignisse – die erste große Liebe, das Offenwerden für das Göttliche oder für unser Innerstes, die Geburt von Kindern oder von großen Ideen – beugen sich keinem

Stichtag, sondern sie geschehen zu ihrer ureigenen Stunde, wenn das Herz bereitet und die Zeit reif ist.

Jemand sagte einmal, wenn alle Autos der Welt Stoßstange an Stoßstange hintereinander stünden, dann würde es immer noch einen Fahrer geben, der sie überholen wollte. Daran muß ich denken, wenn ich die Redewendung »Raserei tötet« höre. Zweifellos werden Sie unterwegs auf Menschen stoßen, die dieser Philosophie anhängen. Meine Empfehlung: lassen Sie sie ruhig überholen.

Zum Schluß noch ein Ratschlag von Sam Keen: »Seien Sie gelassen und handeln Sie energisch.«

Der einzige eilige Teil unserer Reise hier auf Erden sollte der allerletzte sein. Die amerikanische Bürgerrechtlerin und Wanderpredigerin Sojourner Truth drückte es auf Ihrem Sterbebett so aus: »Ich sterbe nicht, Liebling. Ich gehe heim wie eine Sternschnuppe!«

Die Dauer:
Lange genug, daß Sie sich nicht drücken können

»Wie lange sollte mein Geh-Beten dauern?« fragen mich viele, und ich antworte gerne: »Lange genug, daß Sie bewußt *irgendwo gewesen sind.*«

Die Frage »Wie lange?« hat die Menschheit wohl immer schon beschäftigt. Gewöhnlich stellt man sie mit einem sehr negativen Unterton, nämlich mit dem Ziel, ein »gerade noch akzeptables Minimum« an Tätigkeit auszuhandeln. Schon Jesus Christus wurde mit solchen Fragen konfrontiert: »Wieviel soll ich beten?« oder »Wie oft soll ich meinem Feind vergeben?« Wir alle rufen uns gerne die Antworten »immer« bzw. »siebenmal« ins Gedächtnis, aber die ausführlichen, wenn auch »lästigen« Erwiderungen der Bibel lauten: »Betet ohne Unterlaß« und »vergebt siebenmal siebzigmal«.

Wir haben schon darüber gesprochen, wie wir unser Verständnis vom Beten erweitern sollten; nur so können wir tatsächlich »ohne Unterlaß beten«, ständig im Gebet sein. Was aber die Zeitspanne betrifft, die wir uns jeden Tag oder jede Woche für geistige Übungen freihalten sollten, jene Frist also, die wir dem Geh-Beten widmen wollen – nun, darauf gibt es viele richtige Antworten.

Wenn wir aufrichtig sind, müssen wir zugeben, daß wir gewöhnlich zu nachsichtig mit uns selber sind. Ein Freund von mir liebt es, so lange zu laufen, »bis mein Körper genauso erschöpft ist wie mein Geist«. Wenn wir bis an den Rand der Erschöpfung gehen, kann sich dies durchaus vorteilhaft auf den Körper auswirken; wenn wir diese Grenze jedoch überschreiten, kann das katastrophale Folgen haben. Und obwohl ich mich gerne vor einer direkten Antwort auf diese direkte Frage drücken würde, werde ich es nicht tun. Meine »allgemeingültige« Antwort lautet: Gehen Sie solange Geh-Beten, wie es ihnen Freude macht – und vielleicht noch eine Kleinigkeit weiter!

Konkret bedeutet das: Abgesehen von den spontanen »Mini-Geh-Beten« im Verlauf Ihres Arbeitstages, halte ich drei oder vier gezielte Spaziergänge à 20 bis 40 Minuten in der Woche für eine vernünftige Zielsetzung. Es ist das Pensum, das ich mir selbst seit Jahren setze. In manchen Wochen schaffe ich nur einen oder zwei Spaziergänge, in anderen breche ich täglich oder sogar zweimal am Tag auf.

Diese Orientierungshilfe stimmt übrigens hervorragend mit den Ratschlägen überein, die sowohl das Nationale Institut für

Fitneß und Sport der USA wie auch das amerikanische Kollegium für Sportmedizin 1993 veröffentlichten. Beide Institutionen empfehlen uns mindestens 30 Minuten gemäßigte körperliche Anstrengung »an den meisten Tagen der Woche«. Als geeignete Aktivitäten nennen sie unter anderem: »Treppensteigen, Gartenarbeit, Tanzen, das Laufen zum und vom Arbeitsplatz oder gezielte Turnübungen«. Das Geh-Beten können wir getrost zu den »gezielten Turnübungen« rechnen.

Ist es nicht interessant – und ausgesprochen ironisch –, daß vieles, was unsere moderne Gesellschaft als Fitneß und gesunde Ernährung propagiert, noch vor nicht allzu langer Zeit als »Kasteiung«, »Entsagung« oder »Askese« belächelt wurde? Heute sind solche Dinge »en vogue« oder »der letzte Schrei«. Der schon erwähnte Theologe Lawrence Cunningham bemerkt dazu: »Wir sträuben uns gegen das Fasten, während die Menschen den Weight Watchern zuströmen; wir spotten über die Askese, während die neuen Asketen mit ihren hochmodernen Sportoutfits dafür sorgen, daß immer neue Fitneßclubs und Sonnenstudios aus dem Boden schießen.« So ändern sich die Zeiten ... Wir können uns nur gemeinsam mit Cunningham wundern: »Liegt das Problem darin, daß die Christen Askese immer nur als Gehorsam gegenüber bestimmten Regeln verstanden haben? ... Ist es nicht an der Zeit, daß wir Askese, Kasteiung und Selbstentsagung in einem neuen, ganzheitlichen Licht begreifen?«

Was hat das alles mit unserer Frage zu tun, wie lange wir geh-beten sollen? Wenn unser Geh-Beten kürzer dauert als – sagen wir – 20 Minuten, dann hat es vermutlich nicht viel mit Entsagung oder Kasteiung zu tun. Außerdem, und dies ist gleichermaßen unerfreulich, wird es in dieser kurzen Zeit kaum zu einem innigen Gebet kommen. Darum durchforsten Sie Ihren Terminkalender großzügig und versuchen Sie, mehr Zeit freizubekommen. Unser Ziel sollte sein, daß wir das Geh-Beten als eine Übung verstehen, die so kostbar und unersetzlich für unser Leben ist, daß sie *jedes Bedürfnis nach einem zeitlichen Limit überschreitet, transzendiert.* Dieses Ziel würde den Weg in ein wirklich ganzheitliches Licht setzen.

3

Gebete und andere Starthilfen
für Geh-Beter

Wenn Sie zum Geh-Beten aufbrechen und während Sie unterwegs sind, werden Ihnen mit Hilfe Ihrer Kreativität und Schöpferkraft Ihre ganz persönlichen Worte, Sätze und Gebete in den Sinn kommen. Lassen Sie sich nicht einreden, daß diese Äußerungen besser unausgesprochen blieben oder daß sie sich nicht zum Singen oder Beten eigneten. Andererseits ist es, wie wir bereits gesagt haben, auch nicht richtig, daß das Gebet immer wohlgesetzter Worte bedarf. Eine große Heilige und Mystikerin wurde einmal gefragt, wie sie bete; sie antwortete schlicht, daß sie Gott in die Augen schaue und daß Gott zurückblicke.

Das Gebet ist in der Tat ein Prozeß. Es wiederholt sich und hat diverse »Bestandteile«. Letztendlich kommt es jedoch vor allem darauf an, daß man es überhaupt ernsthaft in Angriff nimmt, ähnlich, wie man das Leben selbst zu allererst einmal in die Hand nehmen muß. Nicht die Worte, die Sie sprechen, sind zunächst von Bedeutung, sondern die Tatsache an sich, das heißt die Bereitschaft, Ihr Innerstes dem Göttlichen zu öffnen, sich an das Heilige auszuliefern. Es ist sehr wichtig, daß Sie sich dieses Verständnis zu eigen machen: Das Beten, ähnlich wie eine einfache Lebensart oder wie viele ideelle Vorsätze, ist eine *Geisteshaltung*, eine Lebenseinstellung und keine flüchtige Tätigkeit oder Übung, nicht irgendein Job, der erledigt werden muß. Die Worte und Körperhaltungen, all die mannigfaltigen Techniken sind lediglich Mittel zum Zweck, aber sie können niemals das Ziel selber sein.

Trotzdem: für Menschen, die eher praktisch als mystisch veranlagt sind, sind Worte natürlich ein wichtiges Hilfsmittel. Darum habe ich in diesem Kapitel eine Textauswahl zusammengestellt, die Sie vielleicht ausprobieren möchten. Es sind »Starthilfen« für Ihre eigene Reflexion, Worte, Sätze, und komplette Gebete, die ich ausgesucht habe, weil sie besonders geeignet sind, unser Gefühl für Rhythmus, Gebet und Meditation zu intensivieren. Lassen Sie sich dennoch einladen, Ihre persönlichen Gebete zu artikulieren, oder formulieren Sie bekannte Meditationen so um, daß Sie Ihren persönlichen Stil, Ihre Stimmung und Ihr Temperament in Ihrem Gebet wiedererkennen.

Machen Sie sich auf jeden Fall klar, daß wir das Beten keineswegs als Mußvorschrift, Pflicht oder Bürde verstehen dürfen, sondern als etwas, das uns entkrampft, befreit, beruhigt. Fangen Sie also nicht an, sich selbst zurechtzuweisen, etwa nach dem Motto »Diesmal muß ich aber konzentrierter beten« oder »Jetzt mach mal voran«! Bleiben Sie stets positiv eingestellt. Wenn das Geh-Beten für Sie zu einer Quälerei wird, dann werden Sie es wahrscheinlich sehr bald auf die lange Bank schieben. Ebenso wichtig ist es, daß Sie Ihr Herz in Ihre Gebetsworte legen. Wir kennen doch alle diese Situation: Den ganzen Tag lang *reden* wir uns ein, daß wir ganz bestimmt um sechs zu Hause sein werden, und *wissen* doch die ganze Zeit über, daß dieser Vorsatz nicht die geringste Chance hat, weil unser Schreibtisch mit Arbeit überquillt. Genauso können wir bei unserem Geh-Beten stundenlang »Gott, ich liebe dich« vor uns hinmurmeln, weil es so schön fromm klingt, aber mit unserem Herzen sind wir ganz woanders.

Vielleicht gehören Sie zu den Menschen, die besonders gut mit einem Gebet zurechtkommen, das aus einem einzigen Wort besteht. Von solchen »Einwort-Gebeten« gibt es Hunderte; denken Sie nur an den Traditionsschatz der Mantras in den östlichen Religionen, jene rhythmisch wiederholbaren Wörter oder »Äußerungen«, über die wir schon gesprochen haben. Unsere eigene Kultur besitzt in dem spätmittelalterlichen Traktat *Die Wolke des Nichtwissens*[10] eine reiche Quelle für diese Gebetspraxis. In dem wertvollen Werk der englischen Mystik beschreibt der unbekannte Autor – wahrscheinlich ein Geistlicher –, wie Gott hinter einer Wolke menschlicher Unwissenheit und Unfähigkeit verborgen ist. Es scheint, als sei er gleichgültig und völlig unbeeindruckt vom menschlichen Leben. Der Autor läßt sich von der vermeintlichen Hoffnungslosigkeit dieser Vorstellung jedoch nicht entmutigen. Er legt uns vielmehr nahe, daß wir unsere Gebete direkt in die Wolke richten. Noch besser sei es, so schlägt er vor, wenn wir durch Kontemplation auf eine höhere Stufe der Gottsuche gelangen, gewissermaßen auf eine Wolke direkt unterhalb der Wolke des Nichtwissens. Von dieser Warte aus, im Schwebezustand zwischen den zwei Wolken, sollten wir uns ein Wort auswählen, ein einziges Wort wie etwa »Gott«, »Jesus« oder »Liebe«, und dieses Wort wie einen Rammbock einsetzen, um die Wolke des Nichtwissens zu durchstoßen oder niederzureißen.

Dabei, so versichert der Autor, werden unsere Herzen durch die geduldige, beständige Wiederholung des einen Wortes beruhigt und getröstet. Besser noch: Der stetige Widerhall wird unseren Willen stärken, jene »höchste geistige Kraft«, die nur einen Augenblick braucht, einen Sekundenbruchteil, um zum Objekt ihrer Sehnsucht durchzudringen: der Vereinigung unseres Willens mit dem Willen Gottes, auch wenn wir oft nicht wissen, worin dieser Wille besteht.

Gebetsvorschläge

Gelobt ... sei Gott.

Herr Jesus Christus, erbarme dich meiner.
(Das immerwährende Jesusgebet, Kurzversion)

Herr Jesus Christus, Sohn Gottes,
erbarme dich meiner,
eines Sünders.
(Das immerwährende Jesusgebet, Langversion)

Dein Wille ... geschehe.

Du und ich, mein Gott.

Der Name des Herrn sei gepriesen
von nun an bis in Ewigkeit.

Ehre sei dem Vater und dem Sohn
und dem Heiligen Geist,
wie im Anfang, so auch jetzt
und alle Zeit und in Ewigkeit.
Amen.
(Doxologie)

Ehre sei dem Vater und dem Sohn
und dem Heiligen Geist,
jetzt und immerdar.

Dem Gott, der ist und der war
und der kommen wird
am Ende der Zeit.

Ich bin ... frei.

Leite ... meine Schritte.

Mein Herr und mein Gott,
nimm alles von mir, was mich hindert zu dir.
Mein Herr und mein Gott,
gib alles mir, was mich fördert zu dir.
Mein Herr und mein Gott,
nimm mich mir
und gib mich ganz zu eigen dir.
Bruder Klaus von der Flüe

Komm, Heiliger Geist,
erfülle die Herzen deiner Kinder
und entzünde in ihnen
das Feuer deiner Liebe.

Sende aus deinen Geist,
und das Antlitz der Erde wird neu.

Frieden.

Shalom.

Ich kann nicht.
Du mußt.

Ich bin dein,
weise mir den Weg.
(Aus dem Kinofilm »Romero«)

Die Autorin Susan Saint Sing entzifferte vor einigen Jahren ein wunderschönes Runengedicht. Es gehört zu meinen Lieblings-meditationen in Zeiten, wenn ich mich beziehungslos, ungeliebt, mißverstanden und verlassen fühle, wie »Staub im Wind«:

Gott in mir,
Gott um mich herum,
Wie könnte ich jemals zweifeln?
Ich bin der Sämann
und die Saat,
Gottes eigene Entfaltung
und Gottes Eigentum.

In eine Reihe mit diesen Gebeten und Meditationen gehört sicherlich die bekannte Andacht der heiligen Teresa von Avila:

Nichts soll dich ängstigen,
nichts dich erschrecken.
Alles geht vorüber.
Gott allein bleibt derselbe.
Alles erreicht der Geduldige,
und wer Gott hat,
der hat alles.
Gott allein genügt.

Vielleicht möchten Sie für Ihre Meditation beim Gehen sogar einen längeren Text lernen. Für diesen Fall will ich Ihnen das folgende großartige Gebet der Navajo-Indianer vorstellen, das schon vielen Generationen geholfen hat, inneren Frieden, Gelassenheit und Versenkung in das Göttliche zu finden:

Möge ich wandern mit Schönheit vor mir,
Möge ich wandern mit Schönheit hinter mir,
Möge ich wandern mit Schönheit über mir,
Möge ich wandern mit Schönheit überall um mich herum.
Im hohen Alter, wenn ich auf einem Pfad der Schönheit schreite –
Möge ich mit Kraft wandern;
Im hohen Alter, wenn ich auf einem Pfad der Schönheit schreite –
Möge ich mit neuer Lebenskraft wandern.
Es ist vollbracht in Schönheit.

Noch ein weiteres wundervolles Gebet der Ureinwohner Nordamerikas kann unsere Herzen anrühren, wenn wir uns bemühen, »den guten Weg zu gehen« und darum beten, daß unsere liebsten Menschen dasselbe tun. Das Gebet wird dem Indianer Schwarzer Elch zugeschrieben:

Großer Geist, Großer Geist, mein Urahn,
überall auf der Erde gleichen sich die Gesichter derer,
die leben.
Mit großer Zartheit sind sie alle aus der Erde hervorgegangen.
Blicke auf diese Gesichter der zahllosen Kinder,
die andere Kinder in ihren Armen halten,
daß sie den Stürmen standhalten
und auf dem guten Weg gehen bis zum Tag der Ruhe.

Unendlich viele Bibelstellen sprechen vom Gehen auf den Wegen des Herrn. Ich persönlich mag vor allem diesen Text des Propheten Jesaja (2,3–4):

> Auf, laßt uns hinaufziehen zum Berge Jahwes,
> zum Hause des Gottes Jakobs!
> Er lehre uns seine Wege,
> und wir wollen auf seinen Pfaden wandeln.

Diese Schriftstelle ist ein Spiegelbild der uralten, stets aktuellen Sehnsucht der Menschen nach einem besonderen Ort, an dem sie mit Gott zusammensein können. Wir Menschen können diesen einzigartigen Ort des Herrn nur unter großen Mühen erreichen. Darauf verweist uns Jesaja selbst, wenn er schreibt: »Da wird der Berg des Hauses Jahwes festgegründet stehen an der Spitze der Berge und erhaben sein über die Hügel. Zu ihm strömen alle Völker« (Jes 2,2). Ist dies nicht ein wundervoller Meditationstext, ganz besonders dann, wenn wir darum beten, daß der Berg des Herrn für uns ein wenig leichter zugänglich werde? Ja wirklich, der Herr wohnt an einem besonderen Ort, weit »an der Spitze der Berge«, aber dieser Ort ist keineswegs grenzenlos weit entfernt und völlig unerreichbar. Der Herr ist tatsächlich in greifbarer Nähe, man kann »zu Fuß« zu ihm gelangen. Das ist eine erstaunliche Erkenntnis für uns, und das Neue Testament befaßt sich intensiv mit diesem Wunder. In der Person Jesu Christi wurde »die Spitze der Berge« niedriger gemacht, und unsere tiefen Täler wurden emporgehoben. Darum können wir Hand in Hand mit unserem Gott gehen, und das an ganz »normalen« Orten: in unserem Stadtviertel, auf dem Spielplatz oder in der Schule unserer Kinder oder in dem Bürogebäude, in dem wir arbeiten. Ist das nicht ein überwältigendes Geschenk?

Natürlich spricht die Bibel in ihren Geschichten und Bildern aus gutem Grund häufig vom Reisen zu Fuß: Das Gehen war damals die bei weitem wichtigste Transportmethode, denn nur die wenigsten Menschen konnten sich Pferde, Esel oder Kamele leisten. Auch heute noch ist das Laufen ein ausgesprochen gutes Mittel, um irgendwohin zu gelangen. Wenn Sie das nächste Mal zu Fuß unterwegs sind, könnte dieser Text aus dem Psalm 122 auf ihrem Weg ein hilfreiches »Allround-Gebet« sein:

> Voll Freude war ich, da sie mir sagten:
> Wir ziehen zum Hause Jahwes!
> Schon treten unsere Füße
> in deine Tore, Jerusalem.

Oder aus Psalm 138:

> Wenn ich wandle in Trübsal,
> bewahrst du mein Leben.
> Du erhebst deine Hand gegen den Zorn meiner Feinde
> und rettest mich.

Ein weiterer Psalmtext für Geh-Beter:

> Ich lenke meine Schritte weg vom Weg des Bösen,
> um deinem Ruf zu folgen.

Dem Propheten Micha verdanken wir das folgende Gebet, das uns inneren Frieden und Geborgenheit verheißt, wenn wir Gott gehorchen:

Denn alle Völker gehen ihren Weg,
jedes ruft den Namen seines Gottes an;
wir aber gehen unseren Weg im Namen Jahwes,
unseres Gottes, für immer und ewig.

Auch das Buch der Sprichwörter hält vieles Lohnendes für uns bereit, unter anderem diese vier kraftvollen Zeilen über die Selbsthingabe im Gebet:

Mit ganzem Herzen vertrau auf den Herrn,
bau nicht auf eigene Klugheit;
such ihn zu erkennen auf all deinen Wegen,
dann ebnet er selbst deine Pfade.

Der folgende alte gälische Segen ist ein Gebet, das es wert ist, auswendiggelernt zu werden. Ganz besonders paßt er zu Spaziergängen in der freien Natur. Der Spruch wurde für unseren Zweck ein wenig verändert, so daß er jetzt ein Gebet um Frieden für den Betenden selbst ist. Ursprünglich betete man mit seiner Hilfe darum, daß andere Menschen gesegnet würden:

Tiefer Friede der dahinrollenden Welle sei mit mir,
tiefer Friede der ruhenden Erde sei mit mir,
tiefer Friede des rauschenden Lufthauchs sei mit mir,
tiefer Friede des funkelnden Sterns sei mit mir.

Auch das kurze, aber sehr intensive Gedicht von Johann Wolfgang Goethe ist eine geeignete Starthilfe für unser Geh-Beten, ebenfalls besonders passend für Spaziergänge in der freien Natur, vor allem in den Abend- oder Nachtstunden. Sprechen Sie es langsam vor sich hin, dann werden Sie merken, daß es beinahe ein Gebet ist:

Über allen Gipfeln
ist Ruh,
in allen Wipfeln
spürest du
kaum einen Hauch.
Die Vögelein schlafen im Walde.
Warte nur, balde
ruhest du auch.

Der Kreuzweg

Seit Menschengedenken träumen viele Gläubige von einer Pilgerreise in das Heilige Land. Leider können es sich jedoch immer
nur wenige finanziell erlauben, die Reise tatsächlich zu unternehmen. Aus diesem Grunde wurde der liturgische Kreuzweg
mit seinen verschiedenen Stationen geschaffen, der den meisten
von uns vertraut sein dürfte. Sein Sinn ist es, diejenigen, die das
Heilige Land nicht selbst besuchen können, dennoch die Gnade
einer solchen Wallfahrt – oder eines solchen Geh-Betens – erfahren zu lassen.

In Jerusalem ist es Brauch, daß die Pilger auf dem sogenannten »Leidensweg«, der »Via Dolorosa«, durch die Stadt gehen und sich den letzten Gang Jesu Christi zur Kreuzigung in
Erinnerung rufen. Indem die Pilger – die auf ihre Weise auch
Geh-Betende sind – diesen Weg nachvollziehen, erweisen sie
sich als Nachfolger Christi. Im Laufe der Zeit wurde der »Leidensweg« mit festen Regeln vereinheitlicht. Heute wird er mit
Hilfe hölzerner Kreuze oder »Kreuzwegstationen« in den Kirchen auf der ganzen Welt dargestellt, so daß die Gläubigen
überall an diesem »Weg mit dem Herrn« teilhaben können, sei

es im stillen für sich oder im Rahmen einer gottesdienstlichen Feier.

Die Stationen, die in den Kirchen häufig auf kleinen Bildern dargestellt sind, stehen für die Ereignisse auf dem Weg Christi nach Golgotha. Es kann eine überwältigende Erfahrung des Geh-Betens sein, wenn Sie diese uralte geistliche Übung einmal nach-vollziehen. Brechen Sie zu dieser Pilgerreise, dem Kreuzweg, auf und versenken Sie sich in diese traditionellen Stationen:

1. Jesus wird zum Tode verurteilt.
2. Jesus nimmt das Kreuz auf seine Schultern.
3. Jesus fällt zum ersten Mal unter dem Kreuz.
4. Jesus begegnet seiner Mutter.
5. Simon von Cyrene hilft Jesus das Kreuz tragen.
6. Veronika reicht Jesus das Schweißtuch.
7. Jesus fällt zum zweiten Mal unter dem Kreuz.
8. Jesus begegnet den weinenden Frauen von Jerusalem.
9. Jesus fällt zum dritten Mal unter dem Kreuz.
10. Jesus wird seiner Kleider beraubt.
11. Jesus wird an das Kreuz genagelt.
12. Jesus stirbt am Kreuz.
13. Jesus wird vom Kreuz abgenommen.
14. Der Leichnam Jesu wird in das Grab gelegt.

Nach der geistlichen Betrachtung jeder Station wird gewöhnlich folgender Vers gebetet:

Wir beten dich an, Herr Jesus Christus, und preisen dich. Denn durch dein heiliges Kreuz hast du die Welt erlöst.

Ein anderer Lobpreis, den ich Ihnen vorschlagen möchte, stammt aus dem sogenannten »Weg der Eintracht«, ebenfalls ein Traditionserbe der Navajo-Indianer. Der Text ist dort als der »Segensweg« bekannt:

> Dann umhüllte mich der Strahlenkranz der Sonne,
> und mit der Hilfe eines schönen Wesens lief ich umher.
> Jetzt bin ich langes Leben, jetzt Glück ...
> Hinter mir erstreckt sich Segen bis zu den Bergen,
> vor mir erstreckt sich Segen bis zu den Bergen,
> unter mir erstreckt sich Segen auf die Erde,
> über mir erstreckt sich Segen in den Himmel,
> so gehe ich im Morgengrauen.
> Hinter mir verbleibt Segen, wo ich gehe,
> vor mir wartet Segen, wo ich gehe,
> Und so gehe ich, im Morgengrauen gehe ich.

Viele wertvolle Anregungen bietet uns auch die Feier des Stundengebets, jene allgemeine, in allen christlichen Gemeinden bekannte Gebetstradition der universalen Kirche. In der katholischen Kirche ist es seit alters Brauch, die liturgische Handlung des Stundengebets täglich zu vollziehen. Auf diese Weise setzt die Kirche das Gebot ihres Herrn, ohne Unterlaß zu beten, in die Tat um; sie preist Gott und legt Fürsprache ein für die Erlösung der Welt.

In einer Instruktion versuchte die Kongregation der katholischen Kirche für den Gottesdienst, den Gläubigen diesen Traditionsschatz des Stundengebets näherzubringen:

> Das Zeugnis der Alten Kirche lehrt uns, daß sich einzelne Christen zu festen Zeiten dem Gebet widmeten. Später entwickelte sich an verschiedenen Orten der Brauch, bestimmte

Zeiten für das gemeinsame Gebet anzusetzen, etwa die letzte Stunde des Tages ... oder die erste Stunde.

Das Neue Testament erzählt, daß die Jünger »um die sechste Stunde auf dem Dach des Hauses versammelt waren, um zu beten«. Ein anderes Beispiel: »Petrus und Johannes gingen um die Gebetsstunde, die neunte Stunde, in den Tempel.« Aus solchen Anfängen bildete sich schrittweise das Allgemeine Gebet, wie es zuweilen auch genannt wird, heraus und nahm Gestalt an, indem es sich am uralten Ablauf der Stunden orientierte. Heute sprechen die Gläubigen zu diesen festen Zeiten vor allem lobpreisende und fürbittende Psalmengebete, die weitgehend festgelegt sind.

Für den Fall, daß Ihnen dieser eher reglementierte, »offizielle« Stil besonders zusagt, möchte ich Sie auf die große Fülle an Literatur zum Thema hinweisen, die Ihnen weitere Unterstützung und Inspiration bieten kann. Ich denke zum Beispiel an das »*Kleine Stundenbuch*« mit dem Morgen- und Abendgebet der katholischen Kirche, das von den deutschsprachigen Liturgischen Instituten herausgegeben wurde und in verschiedenen Verlagen erschienen ist. Mit Hilfe dieses und ähnlicher Gebetbücher werden sie problemlos in der Lage sein, in das Allgemeine Gebet der Kirche einzustimmen, das Sie mit Tausenden von Gläubigen in aller Welt und zu allen Zeiten verbindet, die die gleichen Gebete, wenn auch in verschiedenen Sprachen, verrichten.

Das Stundengebet ist eine wunderbare Möglichkeit, gemeinsam mit der gesamten christlichen *Gemeinschaft* »die Zeit zu heiligen«! Natürlich kann jedermann mühelos aus dieser reichen Quelle des Gebetes auswählen. Wir sind jedoch ganz offensichtlich aufgefordert, nicht nur ein privates Gebetsleben zu entwickeln, sozusagen »im stillen Kämmerlein«, sondern ebenso auch ein gemeinschaftliches. Wenn wir in das Allgemeine Gebet der Kirche einstimmen, werden wir durch das Beispiel und das Zeugnis anderer Christen, die Schulter an Schulter mit uns Gott suchen, ermutigt und bestärkt werden.

Ein letzter Hinweis in diesem Abschnitt: Wenn Sie jemals nach Worten ringen, wenn Ihnen die »richtigen« Worte einfach nicht einfallen wollen, dann probieren Sie doch einmal ein Gebet oder eine Meditation hierüber:

1. Das Vaterunser; vielleicht nur wenige Worte aus diesem allumfassenden Gebet, etwa »Dein Wille geschehe ... unser täg- liches Brot ... vergib uns ... erlöse uns von dem Bösen ... jetzt und in Ewigkeit ...«. Manche Theologen nennen das Vater- unser »die Zusammenfassung des ganzen Evangeliums«.
2. »Ich bin der Weg, die Wahrheit und das Leben.«

Weitere Starthilfen für das Gebet

Bisher drehen sich unsere Überlegungen um Gebete im tradi- tionellen Sinn, nämlich um geistliche Texte, die auf *Worten* be- ruhen: Worte des Lobpreises, Worte der Bitte, Worte des Dankes. Um das Thema lückenlos abschließen zu können, möchte ich ein paar Gedanken über das hinzufügen, was wir vielleicht als »Starthilfen« zum Geh-Beten bezeichnen können. Unser religiö- ses Erbe steckt voller Anregungen für die geistliche Versenkung. Nicht alle diese Anstöße sind jedoch das reinste Vergnügen! Ich denke zum Beispiel an den traditionellen »Gewissensspiegel«, den viele von uns aus dem Beichtunterricht in der Kindheit ken- nen. Solch ein Gewissensspiegel ist eine von vielen geistlichen Übungen, die keine Gebete im herkömmlichen Sinne sind und doch Gebet und Seelenfrieden in uns auslösen können.

Ein Gewissensspiegel ist eine Art persönliche »Inventur«, eine innere Bestandsaufnahme, bei der wir über unsere Sünden nachdenken, das heißt darüber, wo wir Fehler gemacht und Unrecht getan haben. Dabei sollte uns bewußt sein, daß Sünde nicht allein einzelne Verfehlungen meint, sondern ebenso innere Einstellungen. Wenn wir daher bei unserem Geh-Beten sowohl unsere Taten als auch unsere Grundhaltungen erforschen, dann unterziehen wir uns einer ungemein lohnenden, wenn auch zuweilen mühsamen geistlichen Übung, einer »Starthilfe« hin zum Gebet. Als Vorgehensweise haben sich zum Beispiel die Zehn Gebote bewährt: Anhand dieses Ordnungssystems läßt sich hervorragend eine »persönliche Bestandsaufnahme« machen.

Vielleicht probieren Sie aber auch einmal eine ebenso wichtige Methode, indem Sie die positive Seite Ihres Lebens untersuchen und Ihre guten Charakterzüge und Begabungen reflektieren. Das könnte sich etwa so anhören: »Ich kann Gut und Böse unterscheiden; ich will für gewöhnlich richtig handeln; ich bin ein gutmütiger Mensch, der anderen nichts Böses will; ich übernehme die Verantwortung für meine Taten und versuche, mein Versagen gutzumachen.«

Eine andere Möglichkeit ist es, sich die sieben Hauptsünden vorzunehmen und das Gewissen auf diese Weise Schritt für Schritt zu erforschen. Wenn Sie es schaffen, über jede dieser Sünden offen gegenüber sich selbst sagen zu können: »Ja, damit bin ich in Berührung gekommen; ja, das habe ich getan!«, dann sind Sie auf dem besten Weg zu einer aufrichtigen Selbstkritik. Wo bin ich also schuldig geworden durch: Stolz, Habsucht, Neid, Zorn, Unkeuschheit, Unmäßigkeit und Trägheit oder Überdruß? Vertrauen wir uns dann der bedingungslosen Gnade Gottes an und öffnen wir uns der verwandelnden Kraft seiner Liebe, dann haben wir einen weiteren, großen Schritt bei unserem Geh-Beten vollzogen.

Welche anderen Leitgedanken zur Reflexion und Meditation stehen uns für unser Geh-Beten zur Verfügung? Nun, es gibt so viele, wie es Ihr eigener Einfallsreichtum, aber auch Ihre religiöse Unterweisung und unser religiöses Erbe, hergeben. Sicher fallen auch Ihnen mit etwas Phantasie fast von alleine geeignete Vorlagen ein. Außerdem gibt es endlos viele Katechismen, theologische Nachschlagewerke und Gebetbücher mit immer neuen lohnenden und hilfreichen Anregungen, die Sie für Ihre persönlichen Anliegen auch jederzeit umgestalten können. In vielen Fällen wird es ratsam sein, daß Sie sich nur mit einem Detail solch einer Andacht beschäftigen. Vielleicht können Sie sich zum Beispiel vorstellen, einmal einen ganzen Geh-bet-Spaziergang der Tugend der Hoffnung zu widmen: Denken Sie darüber nach, welche Rolle die Hoffnung in Ihrem Leben spielt, wie sie sich äußert in Ihren Launen, Ihren Überzeugungen, Ihren Aktivitäten, Ihren Träumen und Sehnsüchten, Ihren Enttäuschungen, Ihrem Vertrauen oder Mißtrauen in die unvergängliche Liebe Gottes.

Hier einige weitere Starthilfen, die ich Ihnen empfehle:

Die geistlichen Werke der Barmherzigkeit
- Unwissende lehren
- Zweifelnden raten
- Trauernde trösten
- Irrende zurechtweisen
- Unrecht geduldig ertragen
- Beleidigungen verzeihen
- für Lebende und Tote beten

Die leiblichen Werke der Barmherzigkeit
- Hungrige speisen
- Durstige tränken

- Obdachlose beherbergen
- Nackte bekleiden
- Kranke und Gefangene besuchen
- Tote bestatten

Die acht Seligpreisungen (Mt 5,3–10)
- Selig die Armen im Geiste, denn ihrer ist das Himmelreich.
- Selig die Trauernden, denn sie werden getröstet werden.
- Selig die Sanftmütigen, denn sie werden das Land besitzen.
- Selig, die hungern und dürsten nach der Gerechtigkeit, denn sie werden gesättigt werden.
- Selig die Barmherzigen, denn sie werden Barmherzigkeit erlangen.
- Selig, die reinen Herzens sind, denn sie werden Gott schauen.
- Selig die Friedensstifter, denn sie werden Söhne Gottes heißen.
- Selig, die verfolgt werden um der Gerechtigkeit willen, denn ihrer ist das Himmelreich.

Die fünfzehn Geheimnisse des Rosenkranzes
- *die freudenreichen Geheimnisse*
- die Verkündigung des Engels an Maria
- der Besuch Marias bei Elisabet
- die Geburt Christi
- die Darbringung des Kindes Jesus im Tempel
- das Wiederfinden des Kindes Jesus im Tempel
- *die schmerzhaften Geheimnisse*
- die Todesangst Jesu im Ölgarten
- die Geißelung
- die Dornenkrönung
- das Tragen des schweren Kreuzes

- die Kreuzigung
- *die glorreichen Geheimnisse*
- die Auferstehung Jesu von den Toten
- die Himmelfahrt Jesu
- die Geistsendung
- die Aufnahme Marias in den Himmel
- die Krönung Marias im Himmel

Das Gebet um Weisheit

Herr, schenke mir
Gelassenheit, die Dinge hinzunehmen, die ich nicht ändern kann,
Mut, die Dinge zu ändern, die ich ändern kann,
und Weisheit, das eine vom anderen zu unterscheiden.

Der Sonnengesang des heiligen Franz von Assisi

Sei gepriesen, mein Herr, mit allen deinen Geschöpfen,
vornehmlich mit unserer Schwester, der Sonne:
Sie wirket den Tag und schenkt uns durch ihn das Licht.
Schön ist sie und strahlend in großem Glanze
und deines Wesens, Allerhöchster, ein Gleichnis.
Sei gepriesen, mein Herr, durch unsern Bruder, den Mond,
und die Sterne:
Du hast sie am Himmel gebildet, leuchtend, kostbar und schön.
Sei gepriesen, mein Herr, durch unsern Bruder, den Wind,
durch die Luft und die Wolken, durch die heiteren und düsteren Tage,
durch welche du deinen Geschöpfen Dauer verleihst.
Sei gepriesen, mein Herr, durch unsere Schwester, das Wasser:

Nützlich ist es sehr, voll Demut, köstlich und keusch.

Sei gepriesen, mein Herr, durch unsern Bruder, das Feuer,
durch welchen du die Nächte erleuchtest.

Schön ist es, heiter, sehr stark und gewaltig.

Sei gepriesen, mein Herr, durch unsere Schwester, die Mutter Erde,

welche uns nährt und erhält

und viele Früchte gebiert und bunte Blumen und Kräuter.

Sei gepriesen, mein Herr, durch die, welche verzeihen aus
Liebe zu dir,

die ausharren in Mühsal und Leid.

Selig die, welche dulden in Frieden,

denn du, Allerhöchster, wirst sie krönen.

Preiset und lobet meinen Herrn und und saget ihm Dank:
Und dienet ihm in großer Demut.

Die Zehn Gebote (nach Ex 20,1–17)

- Du sollst keine anderen Götter haben als mich.
- Du sollst den Namen Jahwes nicht mißbrauchen.
- Gedenke des Sabbattags, daß du ihn heiligst.
- Ehre deinen Vater und deine Mutter.
- Du sollst nicht töten.
- Du sollst nicht ehebrechen.
- Du sollst nicht stehlen.
- Du sollst nicht als falscher Zeuge gegen deinen Nächsten auftreten.
- Du sollst nicht begehren das Haus deines Nächsten.
- Du sollst nicht begehren das Weib deines Nächsten.

Der Lobpreis Gottes

Gelobt sei Gott.

Gelobt sei sein heiliger Name.

Gelobt sei Jesus Christus, wahrer Gott und wahrer Mensch.

Gelobt sei der Name des Herrn.

Gelobt sei sein heiligstes Herz.

Gelobt sei sein kostbares Blut.

Gelobt sei Jesus im heiligsten Sakrament.

Gelobt sei der Heilige Geist, der Tröster.

Gelobt sei Maria, die heilige Mutter Gottes.

Gelobt sei ihre heilige und unbefleckte Empfängnis.

Gelobt sei ihre glorreiche Aufnahme in den Himmel.

Gelobt sei der Name Mariens, Jungfrau und Mutter.

Gelobt sei der heilige Josef, ihr keuscher Gemahl.

Gelobt sei Gott durch seine Engel und Heiligen.

Das Glaubensbekenntnis

Ich glaube an Gott, den Vater, den Allmächtigen,

den Schöpfer des Himmels und der Erde,

und an Jesus Christus,

seinen eingeborenen Sohn, unsern Herrn,

empfangen durch den Heiligen Geist,

geboren von der Jungfrau Maria,

gelitten unter Pontius Pilatus,

gekreuzigt, gestorben und begraben,

hinabgestiegen in das Reich des Todes,

am dritten Tage auferstanden von den Toten,

aufgefahren in den Himmel;

er sitzt zur Rechten Gottes, des allmächtigen Vaters:

von dort wird er kommen,

zu richten die Lebenden und die Toten.

Ich glaube an den Heiligen Geist,
die heilige katholische [christliche] Kirche,
Gemeinschaft der Heiligen,
Vergebung der Sünden,
Auferstehung der Toten
und das ewige Leben. Amen.

Das Vaterunser

Vater unser im Himmel,
geheiligt werde dein Name.
Dein Reich komme.
Dein Wille geschehe, wie im Himmel so auf Erden.
Unser tägliches Brot gib uns heute.
Und vergib uns unsere Schuld,
wie auch wir vergeben unsern Schuldigern.
Und führe uns nicht in Versuchung,
sondern erlöse uns von dem Bösem.
Denn dein ist das Reich und die Kraft und die Herrlichkeit in
Ewigkeit. Amen.

Die göttlichen Tugenden

Glaube
Hoffnung
Liebe

Die Kardinaltugenden

Klugheit
Gerechtigkeit
Tapferkeit
Mäßigung

Die »kleinen Tugenden«

Freundlichkeit, Fröhlichkeit, Ordnung, Treue, Pünktlichkeit, Ehrlichkeit, Zurückhaltung in der Rede, Dankbarkeit, Freundlichkeit, Geduld, Toleranz, Anständigkeit, Ausgewogenheit.

Das Kyrie-Gebet

Kyrie eleison.
Christe eleison.
Kyrie eleison.

Das Gloria

Ehre sei Gott in der Höhe
und Friede auf Erden den Menschen seiner Gnade.

Das Friedensgebet des heiligen Franz von Assisi

Herr, mach mich zu einem Werkzeug deines Friedens,
daß ich liebe, wo man haßt;
daß ich verzeihe, wo man beleidigt;
daß ich verbinde, wo Streit ist;
daß ich die Wahrheit sage, wo Irrtum ist;
daß ich Glauben bringe, wo Zweifel droht;
daß ich Hoffnung wecke, wo Verzweiflung quält;
daß ich Licht entzünde, wo Finsternis regiert;
daß ich Freude bringe, wo der Kummer wohnt.

Musik und Gesang beim Geh-Beten

Ich habe in diesem Buch immer wieder darauf hingewiesen, wie notwendig es für das Geh-Beten ist, daß wir ein Gefühl für

Rhythmus entwickeln: für den Rhythmus unserer bedachtsamen Schritte, den Rhythmus unserer bewußten Atemzüge, den Rhythmus der Worte und Gedanken, die wir beten.

Manche der kostbarsten und intensivsten Lebenserfahrungen verdanken wir der Musik und dem Gesang. »Wer singt, betet doppelt«, sagt ein altes Sprichwort, und ähnlich wie viele Gebete kommen auch viele Musikstücke ohne Worte aus – nur mit Melodie. Ganz gleich ob Sie Mozart und Mahler oder Bob Dylan und Madonna vorziehen – versuchen Sie doch einmal, Ihre Lieblingskompositionen mit auf den Weg zu nehmen, entweder im Kopf oder in den Kopfhörern. Lassen Sie es geschehen, daß die Kraft der Musik und der melodischen Weisen Sie in die Stimmung für eine heilige Erfahrung versetzt. Es ist allemal vernünftig, mit einem Lied im Herzen zum Geh-Beten aufzubrechen.

Unser religiöses Erbe bietet uns einen großen Reichtum an sakraler Musik. Die Spannbreite reicht von lateinischen Litaneien bis zu modernen Gospels. Sicher fallen Ihnen spontan entsprechende Texte und Melodien ein; vielleicht sogar etwas so Vertrautes, daß Sie es jetzt mit Ihrem inneren Ohr vernehmen können. Dazu kommt der unübersehbare Markt an CD- und MC-Aufnahmen, der jedermann zur Verfügung steht. Auch hier reicht das Angebot von Gregorianischem Gesang bis hin zu christlichen Rock-Opern, wobei ich finde, daß vor allem die Gregorianik aufgrund ihres mystischen Charakters einen starken Zauber auf uns auszuüben vermag. Leider sind immer weniger Menschen in der Lage, die lateinischen Texte dieser Gesänge zu übersetzen. Dennoch erschließt sich ihr Sinn und ihre Anziehungskraft auf wunderbare Weise jedem, der dieser altehrwürdigen Musik eine Chance gibt, wie mir viele von Ihnen sicher bestätigen werden.

Hinzu kommt natürlich die Musik, die *uns persönlich* »heilig« ist – und dieses Spektrum deckt sich mit der ganzen Bandbreite der Schallplattenindustrie, bis hin zu den gerade aktuellen Top Ten. Zugegeben, Johann Sebastian Bach komponierte sicher »religiösere« Musik als irgendein anderer, und seine Klänge sind unglaublich anregend. Aber wenn die Lieder eines Paul Simon, einer Mariah Carey oder eines Reinhard Mey Ihre Seele eher anrühren, dann greifen Sie ohne Bedenken darauf zurück!

Keine Frage, die Musik *spricht*. Sie spricht den Künstler, den Mönch, den Mystiker in uns allen an, auch wenn wir selber nicht genau wissen, warum. Wolfgang Amadeus Mozart schrieb seinem Vater einmal einen Brief über ein neues Konzert, das er gerade vollendet hatte und mit dem er sehr zufrieden war. Sinngemäß heißt es darin: »Mein lieber Vater, ich habe es geschafft. Ich habe etwas komponiert, was selbst diejenigen in vollen Zügen genießen werden, die in der Musik kaum bewandert sind – auch wenn sie, die ungebildeten Massen, im Gegensatz zu uns, den Komponisten und Fachmännern, es genießen werden, ohne zu wissen, *warum*.« Mozart wollte mit diesen Gedanken gewiß nicht überheblich sein, sondern er sah das Phänomen realistisch: Viele Menschen erfreuen sich schlicht an der Musik, ohne die Noten oder Tonfolgen zu analysieren. Im Grunde sollten wir genauso an das Gebet herangehen – oder an das Leben überhaupt: es genießen und auskosten, ohne uns über jeden Herzschlag und jeden Schritt großartig und umständlich Gedanken zu machen.

Wie die Dichtung, so scheint auch die Musik zuweilen nicht viel »Sinn« zu machen – und doch können beide sinnvoller sein als irgend etwas anderes. Wenn wir Musik hören, kann es uns passieren, daß wir das erleben, was in Suchttherapien als »Augenblicke von beinahe magischer Klarheit« bezeichnet wird. Ebenso wie ein befreiendes Lachen vermag uns die Musik das

Hier und Jetzt hellwach zu vergegenwärtigen, besser als irgend etwas anderes dazu in der Lage ist. Überdies kann es das Hier und Jetzt für uns verwandeln und dorthin aufrücken lassen, wo es hingehört: in das Erhabene. Der Takt, der Rhythmus und die feierliche Gelassenheit, die in jedem guten Musikstück zum Tragen kommen, sprechen den unterbewußten Rhythmus unserer eigenen Seele an. Die Musik als Teil Ihres Geh-Betens kann Wunder bewirken, die sich jeder Analyse entzieht. *Sie sind einfach da.*

Fünf Impulse

Die ganze Schöpfung wartet darauf, von uns geheiligt zu werden. Und Gott wartet darauf, daß wir in unseren Gebeten zu ihm sprechen ... aber auch darauf, daß wir ihm *zuhören.*

Alle bisher beschriebenen Starthilfen, aber auch die einzigartigen und tief verborgenen geistigen Erkenntnisse, die Sie auf Ihrem bisherigen Lebensweg gewonnen haben, können Sie jederzeit mit sich nehmen, wenn Sie geh-beten. Darüber hinaus möchte ich Sie für Ihr Geh-Beten auf fünf weitere Impulse neugierig machen:

1. Vertiefen Sie sich in die *Rhythmen* Ihres Lebens hinein: Geburt und Tod, Gut und Böse, Glück und Trauer, Tag und Nacht, Wohlstand und Armut, Gesundheit und Krankheit, Arbeit und Erholung, Einatmen und Ausatmen, Sommer und Winter ... Es wird Ihre Gebetserfahrung ungemein bereichern, wenn Sie nicht nur den Rhythmus Ihrer »Äußerung« einüben, sondern sich auch darum bemühen, Einblicke in Ihre Lebensrhythmen zu gewinnen. Denn eines ist gewiß: Gott begegnet Ihnen zu allererst und hauptsächlich in *Ihrem* Leben – in Ihren Fragen, Ihren Zweifeln,

Ihre Verhältnissen, Ihren Erfahrungen. Wenn es um die Gegenwart Gottes geht, dann blicken wir ohne Ablenkung auf *Ihr* Leben.

2. Erinnern Sie sich daran, wo Gott als Friedensbringer und mächtiger Vermittler in Ihrem Leben offenbar geworden ist. Wade Clark Roof drückte es in seinem Buch *A Generation of Seekers* so aus: »In der modernen Sinnsuche erleben wir, wie die Saat aufgeht, die von den transzendentalistischen Entwürfen Emersons gelegt wurde: nämlich die Überzeugung, daß jedes Individuum Gott in sich selber finden muß, sowie die eindrucksvolle Erfahrung des Göttlichen, die jedem Menschen bezeugt, daß er oder sie ganz persönlich gekannt und geliebt ist.«

3. Schärfen Sie beim Geh-Beten *alle Sinne*. Wir wissen ja genau, wie wichtig unser Sehvermögen ist, wenn wir gehen: Selbstverständlich müssen wir unser Umfeld unter, über, vor und neben uns im Auge behalten, sonst kann selbst etwas so Alltägliches wie das Gehen zu einer gefährlichen Angelegenheit werden. Oder wie ist es mit unserem Tastsinn? Der Zenmeister Thích Nhât Hanh redet davon, wie wir beim Laufen den Boden mit unseren Fußsohlen liebkosen und auf diese Weise eine Beziehung zum Fundament und zum Firmament der Schöpfung knüpfen. Was wäre ein Gang durch die Natur ohne ein Wachrütteln unserer Sinne, ohne das Sehen, Hören, Riechen, Fühlen und Schmecken? Die Erinnerung an einen Spaziergang auf einem vernebelten Berggipfel frühmorgens im September wühlt mich heute noch auf, obwohl diese Erfahrung nun schon über 20 Jahre her ist! Mir war damals, als sähe ich die Sonne zum erstenmal, als würde ich Zeuge der *Geburt* eines neuen Tages.

Lassen Sie mich Ihnen in diesem Zusammenhang der Sinneserfahrungen beim Geh-Beten noch zwei Gedichte vorstellen.

Deborah Edwards entwickelt in ihrem Buch *The Tai of Walking: Walking Meditations* eine wunderschöne Sinnessymbolik:

> Rauschender Wind –
> Atem meines Schrittes.
> Ich erkenne die Farben meines Ganges
> Im Geräusch meiner Schritte.
> Ich gehe schneller
> Hinein in die Heiligkeit des Morgens.

Der englische Dichter William Blake (1757–1827) ermuntert uns, unsere Augen und unsere Hände für die Wunder der Schöpfung zu öffnen:

> Eine ganze Welt in einem kleinen Sandkorn zu sehen,
> Und einen Himmel in einer wilden Blume,
> Fasse die Unendlichkeit in deiner hohlen Hand,
> die Ewigkeit in einer Stunde.

4. Nehmen Sie sich regelmäßig Zeit zum Geh-Beten, reißen Sie sie gleichsam an sich. Wir sind fast alle auf die eine oder andere Weise an Termine gebunden und halten unsere Zeit für sehr knapp. Ich empfehle Ihnen, diese Knappheit *zugunsten* Ihres Geh-Betens zu wenden und nicht sie *nicht als Hindernis* zu betrachten. Damit meine ich folgendes: Gehen Sie nüchtern an die Sache heran, versuchen Sie, eine feste Zeit für das Geh-Beten anzuberaumen, und machen Sie sich diese Zeit so gut wie möglich zu eigen, damit Sie die Reise in Ihr Inneres ohne Hast oder schlechtes Gewissen antreten können.

Ich weiß, da wollen kleine Kinder getröstet werden, und die Waschmaschine ist noch voll, und das Telefon klingelt unablässig, und Sie müssen die morgige Sitzung vorbereiten. Dennoch, inmitten dieses Hexenkessels gibt es Momente, die Sie rigoros zu Ihren eigenen machen können. Gehen Sie an diese Momente mit aller Entschiedenheit heran, die Sie aufbringen können.

Ich hatte einmal einen Studentenjob in einer Fabrik, eine laute, staubige und glutheiße Arbeit in den Semesterferien, und ich erinnere mich noch gut daran, wie unglaublich befriedigend mir die tägliche Frühstückspause vorkam. Es waren nur zehn Minuten, aber dieses Weilchen machte ich mir mit allem Eifer zu eigen; es gehörte wirklich mir. Später wurde mir bei meinem Geh-Beten oft bewußt, daß solche »verfügbare Zeit« ebensogut in *Strecke* wie in Minuten gemessen werden kann. Beim Geh-Beten erleben wir häufig eine Phase, die in der Wissenschaft als »Halbwertszeit« bezeichnet wird. Das ist ein Punkt, an dem ich den Weg, der sich vor mir ausbreitet, betrachte und mir selbst z.B. vornehme: »OK, heute will ich bis zu der großen Eiche dort oben kommen.« Meine Seele und mein Herz reagieren sehr glücklich darauf, etwa in dem Sinne: »Ist ja ausgezeichnet: Ich habe den ganzen Weg bis zu diesem Baum für mich – und danach den ganzen Rückweg! So lange kann ich hier draußen sein, für mich allein, frei, ungebunden, zu nichts in der Welt verpflichtet außer zu diesem Augenblick, diesem Schritt, diesem Atemzug, diesem Gebet, diesem Gott.« Es kann ein großer psychologischer Vorteil für Sie sein, wenn Sie unsere geistliche Übung in dem Bewußtsein angehen, daß sich jeder Spaziergang aus einem Teil »Hinweg« und einem Teil »Rückweg« zusammensetzt, denn es ist außerordentlich wichtig, daß Sie entspannt und frei von Schuldgefühlen zum Geh-Beten aufbrechen. Ganz egal, wie lang oder kurz Ihr Spaziergang werden soll: Sie müssen sich den Luxus gönnen, diese Zeit voll und ganz als Ihre persönliche Zeit mit Gott zu betrachten, oder, wenn Sie so wollen, als Gottes besondere Zeit mit Ihnen.

5. Denken Sie daran, daß Ihre Reise eine Reise ins *Innere* ist. Um so wichtiger ist es, daß Sie auf die Begleitumstände achten, das heißt konkret auf das Wo, Wann und Wie Ihres Geh-Betens. Der Publizist William O'Sullivan fand in der Zeitschrift *Common Boundary* die richtigen Worte für diesen Aspekt:

> Was einen Ort mit Heiligkeit erfüllt, ist seine Fähigkeit, dem Menschen seine eigene wahre Natur sowie die Wahrheiten über diese Welt näherzubringen. Die Begleitumstände erleichtern die Reise in das Innere. Wenn wir uns daher des Zaubers solch eines Ortes bewußt sind, dann bedeutet dies, daß wir in Verbindung zu dem stehen, was wir als »Geist« bezeichnen.

Eine Bemerkung zu Ihrer ureigenen Reise

Das Geh-Beten ist also ein Akt des Reisens, und zwar des Reisens sowohl im physischen wie auch im geistigen Sinne, des Reisens nach vorne in die Zukunft ebenso wie zurück in die Vergangenheit. Wir wissen wohl, wie hilfreich – wenn auch schmerzlich – es für unsere Psyche ist, daß wir in unsere Vergangenheit zurückblicken; oft müssen wir sogar zwei Schritte rückwärts machen, bevor wir auf unserem Weg zur emotionalen Reife einen Schritt nach vorne tun können. Genauso bemerken wir auch auf unserer spirituellen Reise, daß wir immer wieder einmal in der Zeit zurückgehen müssen – wenn Sie so wollen, zurück bis zu unseren »Kindergebeten«. Wann immer wir der Meinung sind, daß wir beim Beten einigermaßen Routine gewinnen, stellen wir fest, daß wir in Wahrheit Rückschritte machen und eine erneute intensive Schulung der einfachsten Grundlagen bitter nötig haben.

Das alte Sprichwort »Je mehr wir wissen, desto besser wissen wir, was wir nicht wissen« spricht auch für geistiges Wissen Bände. Dabei finde ich es tröstlich, daß wir häufig gerade in dem Moment, in dem unser geistliches Leben endgültig festgefahren zu sein scheint, bereit sind für einen ziemlich großen »Fortschritt«. Verlassen Sie sich darauf!

Die Symbolik von der Reise ist aber noch viel reichhaltiger. Auch unser Geh-Beten hat einen Aufbruch, einen Mittelteil und ein Ende. Und vor und nach dieser Reise müssen wir sogar ein paar Sachen ein- bzw. auspacken. Auf unserem Weg warten Atempausen und Umleitungen auf uns, die Straße hat viele Biegungen und Windungen, und wir werden uns von Zeit zu Zeit bei dem Gedanken ertappen: »Sind wir bald da?«

Wenn Sie soweit sind, dann ist die Zeit reif dafür, daß Sie sich von neuem klarmachen, wie wichtig die Reise selbst ist. Sie kommen nicht erst an, sondern Sie *sind* da. Wir brauchen ständig Denkzettel, daß es auf das *Hier und Jetzt* ankommt, daß die heilige Gegenwart unsere wahre Heimat ist. Und wir müssen nicht erst unsere Wohnadresse ändern, um diese Tatsache zu erkennen.

»Zufriedenstellendes« Geh-Beten

Eine letzte Bemerkung zu Techniken und Methoden: Ich möchte dieses Thema bewußt nicht zu weit treiben. Zwar gibt es so etwas wie »Geh-Beten in seiner reinsten Form«. Damit meine ich gewissermaßen ein »fortgeschrittenes« Geh-Beten, bei dem einem alle Faktoren sozusagen zufliegen. Seien Sie jedoch gewarnt, daß diese Perfektion nicht notwendig zu erwarten ist. Wir müssen, so glaube ich, verflixt aufpassen, daß wir uns nicht in lauter kniffligen Techniken verheddern, die uns allesamt das »perfekte Geh-Beten« verheißen.

Unglücklicherweise gehört in unserer Kultur eine gesunde Ausgewogenheit nicht zu unseren leichtesten Übungen. Natürlich sollen wir mit aller notwendigen Ernsthaftigkeit und Konzentration an das Geh-Beten herangehen, aber doch nicht so ernsthaft, daß wir uns selber mit Dutzenden von »sollte« und »müßte« überfordern. Es bringt uns sicherlich nicht weiter, wenn wir die Frage nach den Methoden so auf die Spitze treiben, daß wir das Gespür für die »Verspieltheit« des Geh-Betens verlieren.

Man sagt, daß die Verspieltheit die rechte Gehirnhälfte aktiviert, also die schöpferische, intuitive, phantasievolle Seite. In einer inneren Verspieltheit liegt eine befreiende Kraft. Ohne leises Lachen, Übermut und Herumalbern kann es einem auch bei so »ernsthaften« Tätigkeiten wie Beten und Fitneßtraining passieren, daß sich die Muskeln versteifen, die Füße verkrampfen, und man schließlich nicht einmal mehr in der Lage ist, die Wanderschuhe zu schnüren!

Der Trappistenmönch und geistliche Autor Thomas Merton hält einige treffende Anregungen zu einer gesunden Ausgewogenheit für uns bereit. Wenn wir wirklich beten wollen, so teilt er uns schlicht mit, dann sollten wir am besten einfach loslegen. So schrieb er einmal: »Nichts, was irgend jemand dir einredet, kann so wichtig sein. Das Beten ist einzigartig. Nur Beten. Wenn du dir ein Leben im Gebet wünschst, führt der richtige Weg dorthin durch das Beten.«

Einmal unterhielt sich Merton mit einigen Männern und Frauen, die mehr über das Gebet erfahren wollten. Er antwortete ihnen unerwartet: »Wir wissen schon eine ganze Menge darüber. Jetzt geht es darum, es zu begreifen.« Und ein andermal schrieb er: »Keine Abhandlung über die einsame, gedankenvolle Dimension des Lebens kann uns irgend etwas mitteilen, was nicht längst viel besser vom Wind in den Kiefern gesagt worden ist.«

Eine meiner Lieblingsgeschichten dreht sich um angebliche Spezialisten und Experten, sozusagen um »professionelle Beter«, die ganz genau wissen, wie das Beten funktioniert. In seinem Buch *Day of a Stranger* empfiehlt uns Thomas Merton eindringlich, nicht alles so todernst zu nehmen, und das schließt eben auch Gebetstechniken oder irgend welche »vertraulichen Informationen« über das Beten ein. Er war es gründlich leid, daß die Menschen *ihn* mit *seiner Methode* für das *einzig* Wahre und Richtige hielten, für denjenigen, von dem man das rundum perfekte Gesamtpaket »Wie man sein Leben richtig und heilig lebt« erhalten konnte. Darum wurde er nicht müde, uns zu versichern, daß es kein spezielles, allseits wirksames Wundermittel gibt. »Dies hier ist keine Einsiedelei«, schrieb er. »Es ist ein Haus. ... Was ich trage, sind Hosen. Was ich tue, ist leben. Wie ich bete, ist atmen. ... Wer redet da von ›Liebe‹? Liebe gehört ins Kino. Um das geistige Leben sind die Leute dann besorgt, wenn etwas anderes sie so in Anspruch nimmt, daß ihnen der Gedanke kommt, sie sollten frömmer sein.«

Als Entgegnung auf eine frühere Veröffentlichung zum Thema Geh-Beten schrieb mir ein Leser den folgenden Brief:

Als ich zum erstenmal vom Geh-Beten hörte, war meine spontane Reaktion: »Oh nein! Jede Stunde meines Tages ist verplant. Ich will nicht auch noch meine Spaziergänge mit einer Gebets-Tagesordnung verplanen.« Inzwischen habe ich jedoch gelernt, daß es auch für solche Menschen wie mich, die ihr Leben nicht nach einer Tagesordnung führen wollen, Gebetsformen gibt. Ein Spaziergang kann neue Sichtweisen eröffnen, kleine Einsprengsel voller Schönheit, die einem vorher nie aufgefallen sind. Egal, wie durchschnittlich die Schönheit der Natur um dich herum sein mag: Deinem Geist wird bei ihrem Anblick warm, und er sagt Dank.

Beten mit weniger Worten

Wir sollten außerdem auch lernen, ohne Worte mit Gott zu kommunizieren, auf dieselbe Weise, wie wir uns so oft mit vertrauten Menschen verständigen. Sicher haben Sie schon gespürt, daß uns andere Personen oft Mitteilungen machen, die uns auf vielerlei andere Weise als durch das Wort erreichen. Denken Sie nur an die Ehefrau, die bei sich denkt: »Er hat wieder diesen Gesichtsausdruck«, oder an den Freund, der nur aufgrund der Beobachtung unseres Verhaltens zu uns sagt: »Ich glaube, wir sollten mal miteinander reden«. Schon der heilige Augustinus schrieb in seinem *Brief an Proba*:

Ein ausführliches Gespräch ist eine Sache, eine beständige, andachtsvolle Disposition eine andere. ... Übermäßiges Gerede sollte aus dem Gebet herausgehalten werden. Das bedeutet jedoch nicht, daß man überaus lange im Gebet verharren muß, solange eine leidenschaftliche Grundhaltung das Gebet begleitet. Wenn wir beim Beten lange und ausführlich reden, dann vollziehen wir eine notwendige Handlung mit einem Übermaß an Worten. Wenn wir viel Zeit im Gebet verbringen, dann klopfen wir mit einer beharrlichen und heiligen Inbrunst an die Tür des Einen, den wir anflehen. Diese Aufgabe erfüllen wir im allgemeinen besser durch Seufzer als durch Worte, besser durch Tränen als durch Geplapper. Gott führt sich unsere Tränen vor Augen, und unsere Seufzer bleiben Ihm nicht verborgen, denn er hat alle Dinge durch sein Wort erschaffen und sucht daher keine menschlichen Worte.

Immerhin ist das Geh-Beten – wie jedes Beten – Ausdruck einer Beziehung. Mein Freund und geistlicher Begleiter Dick Gilbert formulierte es ganz treffend:

> Als Jesus seinen Jüngern das Vaterunser beibrachte, lehrte er sie im Grunde keine Worte oder *Techniken*, sondern er lehrte sie eine *Beziehung*. Wir können endlos über das Gebet und das Beten dozieren – aber all das sind letztendlich Verfahrensfragen, die hinter dem großen Thema der Beziehung zurückstehen. Wenn Menschen zum Beispiel in tiefer Trauer sind und Gott und sich selbst in Frage stellen, dann erkennen sie oft nicht, daß diese Phase selbst ein Gebet ist. Beim Beten geht es nicht um Worte und Formeln, sondern es geht um den Ausdruck einer Beziehung.

Der heilige Franz von Sales faßte zusammen, wo Gebetstechniken ihre Grenzen haben:

> Verschwende beim Beten keine Zeit darauf, genau begreifen zu wollen, was du da tust oder wie du betest. Das beste Gebet ist dasjenige, das uns so mit der Gegenwart Gottes in Atem hält, daß wir nicht mehr über uns selbst nachdenken oder darüber, was wir gerade tun.

4

Die richtige Zeit zum Geh-Beten

Grundsätzlich ist jeder Zeitpunkt gut und richtig zum Geh-Beten. Ich habe sogar festgestellt, daß gerade härtere Bedingungen zuweilen die besten Geh-Bete entfachen. Dabei denke ich bei »Bedingungen« vor allem an die diversen Umweltfaktoren: Wetter, Tages- und Jahreszeit, Lichtverhältnisse, Temperatur. Freilich sollten wir, wenn wir über die »Bedingungen« reden, unbedingt auch die Verfassung von Körper, Geist und Seele bedenken.

In diesem Kapitel werde ich Ihnen verschiedene Anlässe zum Geh-Beten vorschlagen. Vorab möchte ich Sie jedoch dazu ermutigen, sich Ihre eigenen Anlässe zu schaffen, wenn meine Vorschläge Ihnen nicht den nötigen Anstoß geben. Seien Sie getrost spontan und phantasievoll. Sam Keen läßt uns in seinem schon erwähnten Buch *Wider die Leere in unserer Zeit* teilhaben an seiner Sammlung ganz »persönlicher heiliger Tage und Feiern«, die er sich für »alltägliche« Gelegenheiten geschaffen hat, um das Leben zu zelebrieren. Einen seiner rituellen Anlässe zum Feiern möchte ich Ihnen vortragen. Ich denke, daß Sie Freude daran haben werden:

> *Fliedertag.* Anders als jene meinen, die uns befehlen, die Uhren nach der »Sommerzeit« zu stellen, wird der Frühling nicht mit der Uhr eingeläutet. Man weiß, daß er da ist, wenn wir mit dem Schmutz des Winters herumlaufen, der in der Seele sitzt, und uns plötzlich ein Zephyr den ersten schwachen Duft

nach Flieder in die Nase weht und wir uns der nostalgischen, längst vergangenen, weit entfernten Frühlinge erinnern. An einem solchen Tag ist es am besten, Verabredungen abzusagen und sich den Freuden der Nase und der Wiederentdeckung der Kindheit zu widmen. Entfalten Sie Ihre Sinne, wandern Sie mit der Brise, riechen Sie die Symphonie der Düfte auf den Straßen der Stadt oder den Wegen im Wald.

Geh-Beten an grauen und verregneten Tagen

Es bleibt keinem von uns erspart, von Zeit zu Zeit unterwegs zu sein, wenn es regnet. Warum also nicht das Beste daraus machen und beten? Wie es Ishmael in Herman Melvilles Roman *Moby Dick* ausdrückt, bricht ab und zu bei uns allen tief in der Seele »ein feuchtkalter, trüber November« aus. Das gehört einfach zum Menschsein. Meine eigenen ersten Versuche im Geh-Beten unternahm ich in einem nassen, eiskalten Winter, als meine Mutter im Sterben lag. Ich erinnere mich gut daran, wie wohltuend es trotz der grimmigen, klammen Kälte, die mich durchdrang, und trotz der schmerzlichen Trauer in meinem Herzen war, einen Ort und eine Beschäftigung zu finden, um mit meinem Kummer ins Reine zu kommen. Als ich durch die hartgefrorene, graue Winterlandschaft ging, gewann ich ein ganz neues Verständnis vom Leben und vom Tod. Im Grunde genommen kam es mir vor, als würde ich durch den Aufruhr meiner Gefühle regelrecht *hindurchlaufen*.

Einer der großen Beter der Kirchengeschichte, der heilige Franziskus, hätte auch uns heute sicherlich einiges über das Geh-Beten im Regen zu sagen. Sein berühmter »Sonnengesang« ist ein überschwenglicher Lobpreis Gottes für seine Schöpfung, für die Sonne, den Mond, für Wasser, Feuer, Luft und Erde. Dann aber fügt Franziskus hinzu: »Sei gepriesen, mein Herr, durch unsern Bruder, den leiblichen Tod«, und er meditiert über das Leid, das mit diesem Bruder einhergeht. Franziskus war sich wohl bewußt, daß es eine Sache ist, Gott »im Sonnenschein zu preisen«, d.h. stark im Glauben zu sein und Gott aufrichtig zu lieben, wenn das Leben schön ist. Unseren Glauben an die Liebe Gottes *für uns* jedoch auch in und durch die grauen, verregneten Tage und durch die unbarmherzige Kälte unseres Lebens hindurch lebendig zu halten, ist eine ganz andere Sache. Diese Erfahrung machen wir alle, wenn wir gerne und selbstkritisch beten.

Es ist kein Kunststück, unsere Schwester, den Schnee, zu preisen, wenn der Schnee unter den Stiefeln knirscht und in der Wintersonne glitzert, oder unseren Bruder, den Wind, zu loben, wenn uns die Brise warm ins Gesicht weht. Aber wenn Schwester Schnee plötzlich zur Schwester Schneesturm wird und Bruder Wind zum Bruder Unwetter, dann sieht die Sache ganz anders aus. Gott sei Dank gibt es jedoch Menschen, die die wunderbare Liebe Gottes auch in solchen Erscheinungen erkennen und so von ihr durchdrungen sind, daß sie ihr ganzes Leben in den Dienst reiner Liebestaten stellen, *ganz egal, wie die augenblickliche Wetterlage des Lebens ist.* Andere haben es geschafft, nicht nur mit dem Leben, sondern auch mit dem Tod Frieden zu schließen, weil sie von jener göttlichen Liebe restlos überzeugt sind.

Gibt es ein ideales Gebet für das Geh-Beten in Traurigkeit, Anspannung, Angst ... und Regen? Vielleicht ist es dieses:

Jahwe ist mein Hirte,
ich leide nicht Not;
auf grünender Weide läßt er mich lagern.
Er führt mich an Wasser der Ruhe,

Erquickung spendet er meiner Seele.
Er leitet mich auf dem rechten Pfad, getreu seinem Namen.
Und muß ich auch wandern im finsteren Tale,
ich fürchte kein Unheil; denn du bist bei mir.
Dein Stock und dein Hirtenstab geben mir Zuversicht.
(Psalm 23,1–4)

Ihr braucht auf eurer Reise keine Wanderstäbe, sagt uns der Psalmist mit seinem Lied. Der Stock und der Stab des Hirten, das heißt der gute Hirte selbst, wird uns auf allen Wegen beschützen und beistehen, selbst in den finstersten Schluchten unseres Lebens.

In der Dunkelheit geh-beten

Einmal, als alles friedlich und still war, beschloß ich spontan, in der Dunkelheit zu geh-beten. Unterwegs meditierte ich jenen biblischen Spruch des Propheten Jesaja: »Das Volk, das im Dunkeln wandert, sieht ein helles Licht«. In unserer Wohngegend gibt es kaum Straßenlaternen und noch weniger Autos, darum war der Weg wirklich stockdunkel. Weil ich ihn jedoch oft bei Tageslicht gehe, war er mir auch in dieser Nacht hinlänglich vertraut.

Dennoch war es etwas anderes, und diese Erfahrung empfehle ich Ihnen gerne weiter. So wie die Jahreszeiten einen wohlbekannten Weg verwandeln, indem sie die Farbe der Blätter und Bäume, die Gerüche und Geräusche langsam, aber stetig ändern, so verwandelt auch die Nachtluft vieles. Vor allem aber verändern *Sie* sich in der Nacht. Jedenfalls ist das bei mir der Fall. Sicher hängt das in erster Linie mit der natürlichen Müdigkeit nach einem langen Tag zusammen, ebenso aber auch damit, daß wir abends zur Ruhe kommen und dadurch nachdenklicher und empfänglicher für geistigen Tiefgang werden. Als ich in jener Nacht darüber meditierte, was es bedeutet, »ein helles Licht zu sehen«, fiel mir auf, wie in völliger Dunkelheit selbst das schwächste Licht hell zu leuchten scheint. Natürlich werden Sie mir auf einer intellektuellen oder wissenschaftlichen Ebene alle zustimmen. Dieses Phänomen jedoch mit eigenen Augen zu erleben, war den nächtlichen Ausflug allemal wert. Der Gedanke an die blendend strahlende Ankunft des Heilands bei seinem Volk, das seit vielen Generationen in Dunkelheit gewesen war, wirkte ungemein beruhigend auf mich. So ein Spaziergang unter sternklarem Himmel zu nachtschlafender Zeit schenkt uns ganz sicher ein Gefühl für Weite und Tiefe, für das Mysterium der Schöpfung.

Jemand sagte einmal, daß Orte für Menschen heilig werden, indem man sich Geschichten über sie erzählt. Ausnahmslos alle heiligen Orte haben daher eine reiche Geschichte. In meinem eigenen Leben hat sich diese Vermutung ohne Frage als wahr erwiesen. Auch als ich in jener dunklen Nacht geh-betete, wurde die Dunkelheit zu einem Ort, einem heiligen Ort mit einer Geschichte. Darum erzählt mir heute jede finstere Nacht eine faszinierende Geschichte über meine Heimatstraße, weil ich das Heilige in ihr erlebt habe.

Dieser Hymnus aus dem 16. Jahrhundert ist eine anregende Starthilfe für ein nächtliches Geh-Bet unter freiem Himmel:

Mein Herz, schweige nicht länger still.
Singe laut den Lobpreis Gottes.
Seine Liebe reicht höher als die Himmel,
Seine Treue weit über alle Wolken.
Ewiger, heiliger Gott,
der in nie verlöschendem Licht wohnt,
Ihm sei Ehre, Lob und Preis. Halleluja.

König David ist der Überlieferung zufolge der Dichter des
Psalms, aus dem das folgende Gebet stammt. Sicher wurde es
auch in der Dunkelheit gebetet:

> Dein Gesetz ist wie eine Lampe zu meinen Füßen,
> und ein Licht auf meinem Pfad.

Vielleicht mögen Sie sich auch an jenes reizvolle, sympathische
Gedicht von Matthias Claudius erinnern, das schon vielen Generationen von Kindern als Gute-Nacht-Lied ans Herz gewachsen ist. Nehmen Sie es doch einmal als Nachtmeditation mit zu
Ihrem Geh-Beten:

> Der Mond ist aufgegangen,
> die goldnen Sternlein prangen
> am Himmel hell und klar.
> Der Wald steht still und schweiget,
> und aus den Wiesen steiget
> der weiße Nebel wunderbar.

> Seht ihr den Mond dort stehen?
> Er ist nur halb zu sehen
> und ist doch rund und schön.
> So sind wohl manche Sachen,
> die wir getrost belachen,
> weil unsre Augen sie nicht sehn.

> So legt euch denn, ihr Brüder,
> in Gottes Namen nieder.
> Kalt ist der Abendhauch.
> Verschon uns, Gott, mit Strafen

und laß uns ruhig schlafen
und unsern kranken Nachbarn auch.

Die Finsternis ermöglicht es uns außerdem, ja sie zwingt uns vielleicht sogar dazu, uns in der Tugend des Vertrauens zu üben. Ein Spaziergang im Dunkeln stellt uns schließlich ordentlich auf die Probe.

Ich erlebte dies ganz besonders intensiv vor einigen Jahren während einer Klausurtagung meiner damaligen Firma. Es handelte sich um eine mehrtägige Strategieplanung, weit weg vom üblichen Büroalltag in der abgeschiedenen Einsamkeit eines Naturschutzparks, mitten im tiefsten Winter. Ein Ziel des ganzen Unternehmens war es, daß sich die Mitglieder unserer Abteilung besser kennenlernten, daß das Team enger zusammengeschweißt wurde. Gleich am ersten Abend verabredeten sich fünf von uns, am nächsten Morgen in aller Frühe aufzustehen und von unserer Blockhütte aus einen Spaziergang den Berg hinab zu machen, um eine alte Mühle zu besuchen, die im Tal noch in Betrieb war. Ich hatte das Naturschutzgebiet in meiner Kindheit häufig mit meiner Familie besucht, und es ist bis heute einer meiner Lieblingsplätze. Deshalb schwärmte ich meinen Teamkollegen in aller Breite vor, wie idyllisch und romantisch die alte Mühle mit dem kleinen Arbeitslager darum ist. Jedenfalls galt ich in der Runde als der »ortskundige Reiseleiter«.

Es war noch dunkel, als wir uns um fünf Uhr früh aus den Betten wälzten und aufbrachen. Darum stiegen wir nicht auf einem der steilen, gewundenen, rutschigen Waldwege zur Mühle hinab, sondern entschieden uns für die Asphaltstraße. Nach knapp zwei Kilometern hatten wir unser Ziel erreicht und bestaunten die gewaltige alte Mühle mit ihrem ruhig vorbeifließenden Fluß und dem gigantischen Wasserrad. Als es schließlich an der Zeit war, zur Hütte zurückzukehren, schimmerte gerade das erste Tageslicht am Himmel. Daher beschlossen wir, nicht auf der Straße zurückzulaufen, sondern eine Abkürzung zu nehmen – schließlich hatten wir ja einen ortskundigen Reiseleiter bei uns, der die Wanderwege in der Gegend von Kindesbeinen auf kannte!

Nun, nicht genug damit, daß der Trampelpfad tatsächlich steil, gewunden und rutschig war, es war auch immer noch stockfinster! Der Weg gabelte sich mehrfach, und bald war ich mir nicht mehr sicher, ob ich mich auf meine Erinnerung und meinen Orientierungssinn verlassen konnte. Aber immerhin war ich der Anführer – und ziemlich stolz darauf. Ehrlich gesagt, war ich sogar zu stolz, um anzuhalten und meinen Kollegen die einfache Wahrheit zu sagen: »OK, es ist stockfinster hier draußen, und ich weiß nicht genau, wohin wir gehen!« Aber dann erinnerte ich mich an eine alte Redensart: »Wenn du dich auf eine Wanderung begibst, und die Nacht den Weg vor dir bedeckt, dann ziehst du deswegen ja nicht automatisch den Schluß, daß da keine Straße, kein Weg ist, nur weil es gerade so aussieht.« Also kämpften wir uns weiter bergan. Oft tasteten wir uns mit Händen und Armen vorwärts, um nicht in Bäume oder Felsen hineinzugeraten. Außerdem warnten wir uns gegenseitig vor Böschungen, herunterhängenden Ästen und Felsvorsprüngen. Und auf diese Weise kamen wir endlich an, als wirklich zusammengeschweißte Wanderer, die wahrhaftig aufeinander vertraut hatten. Wir hatten uns darauf verlassen, daß Weitblick mehr bedeutet als das reine Sehvermögen. Er bedeutet auch, zu erkennen, daß die Nacht und die Dunkelheit uns etwas beizubringen haben.

Unseren Zorn und unsere Nervosität
ins Geh-bet nehmen

Wenn Sie erst einmal »auf den Geschmack gekommen« sind, werden Sie schon bald das Bedürfnis verspüren, vor jedem aufregenden Ereignis, egal ob positiv oder negativ, zu geh-beten, wenn es die Umstände irgendwie erlauben. Welche *positiven* Ereignisse meine ich dabei? Nun, da wären zum Beispiel der erste Tag an einem neuen Arbeitsplatz, der Tag Ihrer Hochzeit, die Momente vor der Ankunft im Kreißsaal oder die Minuten, bevor Sie Ihre neue Geschäftsidee den Entscheidungsträgern vorstellen. Solche Augenblicke erfüllen uns mit Nervosität. Wenn sogar irgendwelche kritischen Ereignisse anstehen, kann Ihnen ein ruhiges Geh-Bet um so besser helfen, zu sich selbst zu kommen und die Dinge aus der richtigen Perspektive zu betrachten. Wir sollten unsere Kräfte weiß Gott nicht für Nebensächlichkeiten verschwenden, aber oft können wir unmöglich von vornherein ahnen, ob etwas wichtig oder belanglos ist, zumal viele problematische Ereignisse uns unüberwindlich erscheinen, wenn sie uns unmittelbar bevorstehen.

Was den Umgang mit Zorn betrifft, so werden körperliche Übungen schon seit langem empfohlen, um sich auf gesunde Weise »auszutoben«. Warum probieren Sie es also nicht einmal mit einem schweißtreibenden Marsch beim Geh-Beten, anstatt einen Sandsack mit den Fäusten zu bearbeiten, um Ihre innere Ruhe wiederzufinden? Wenn Sie zu solchem Geh-Beten die kontrollierten Atemzüge, die rhythmischen Schritte und den heilsamen Takt Ihrer Gebetsäußerung hinzufügen, dann wird Ihr Zorn unweigerlich abflauen. Es ist verdammt schwierig, zornig zu bleiben, wenn um einen herum Frieden und Gottvertrauen herrschen.

Ich will Ihnen damit keineswegs raten, Ihren Zorn herunterzuschlucken oder die Augen vor ihm zu verschließen. Im Gegenteil: Geh-Beten hilft Ihnen, mit Zorn *umzugehen*. Jede echte Meditation erfordert es ja, daß wir aufrichtig nachdenken, grübeln, etwas köcheln lassen, nicht aber, daß wir vor innerem Druck überkochen! Es ist sicherlich nicht falsch, wenn Sie sich angewöhnen, einen der vielen beruhigenden, tröstlichen und stärkenden Bibelverse mit sich zu nehmen, wenn Sie Ihren Zorn oder Ihre Nervosität geh-beten. Vor allem die Psalmen vermögen den Zorn und die Nervosität im menschlichen Herzen anzurühren. Ich werde nie vergessen, wie ich als Schüler einer kirchlichen Schule die Psalmen wahrhaftig, sozusagen existentiell, für mich entdeckte. Mit einiger Sicherheit hätte ich mich nie aus eigenem Antrieb für jene Gebete des Alten Testaments erwärmt, vor allem nicht als Schüler mit allen typischen Interessen eines heranwachsenden Jugendlichen. Der Tagesablauf unserer Schule verlangte jedoch von uns, daß wir ständig schwere Wälzer mit Gebeten und Bibelzitaten mit uns herumschleppten. Ich weiß noch genau, wie es mir den Atem verschlug, als ich herausfand, daß ein Psalmist vor Tausenden von Jahren über vieles haargenau dasselbe wie ich gedacht und gefühlt hatte. Es waren ziemlich wichtige Empfindungen, wie zum Beispiel das Gefühl, von Gott alleingelassen oder der einsamste Mensch der Welt zu sein, die hilflose Wut darüber, daß meine Gebete nicht exakt so erhört wurden, wie ich mir das vorstellte, oder die Furcht, was die Zukunft wohl für mich bereithalten würde.

Finden Sie Ihren persönlichen Lieblingspsalm und nehmen Sie ihn in Zeiten des Zorns oder der Nervosität mit. Oder kennen Sie das folgende Gebet des evangelischen Pfarrers und Widerstandskämpfers Dietrich Bonhoeffer? Er schrieb es als Gefangener der Nazis, die Hinrichtung vor Augen, und vielen Menschen hat es seitdem Trost und Ermutigung gebracht. Versuchen doch auch Sie es einmal mit diesem großartigen Text:

> Von guten Mächten wunderbar geborgen,
> erwarten wir getrost, was kommen mag.
> Gott ist mit uns am Abend und am Morgen
> und ganz gewiß an jedem neuen Tag.

> Noch will das Alte unsre Herzen quälen,
> noch drückt uns böser Tage schwere Last.
> Ach Herr, gib unsern aufgescheuchten Seelen
> das Heil, für das du uns bereitet hast.

Vielleicht gibt es sogar Tage, an denen Sie auch diese Strophe zu Ihrem eigenen Gebet machen müssen oder können:

> Und reichst du uns den schweren Kelch, den bittern,
> des Leids gefüllt bis an den höchsten Rand,
> so nehmen wir ihn dankbar, ohne Zittern
> aus deiner guten und geliebten Hand. (...)

Ich erinnere mich an ein kurzes Geh-Bet an einem Karfreitag, wenige Minuten, bevor ich live im Fernsehen interviewt werden sollte. Obwohl ich damals schon einige Interviews für Zeitungen und Radiosender gegeben hatte, hatte ich vor diesem halbstündigen Auftritt ordentlich Lampenfieber. Als unmittelbar vor Sendebeginn der Verdacht in mir aufkam, daß ich eine falsche Vorstellung vom Thema der Show haben könnte, machte das die Sache nur schlimmer: Ich war davon ausgegangen, daß es um das Geh-Beten gehen sollte. Jetzt aber vermutete ich, daß man mich über die Firma, in der ich damals arbeitete und in der es in letzter Zeit starke Personaleinsparungen gegeben hatte, befragen wollte. Offensichtlich hatte es in der Programmvorschau des Senders geheißen: »Wird es weitere Entlassungen bei der XY-Firma geben? Schalten Sie am Freitag zu unserer Talkshow ein und finden Sie es heraus!«

Da saß ich nun mit meinem Herzklopfen. Was konnte ich also Sinnvolleres tun, als zu geh-beten und einen Großteil meiner Nervosität regelrecht aus meinem Leben herauszumarschieren? Es war ein kalter Morgen, aber ich erklärte dem Aufnahmeleiter, daß ich rasch um den Block laufen müßte. In diesen knappen fünf Minuten gelang es mir tatsächlich, meine innere Mitte wiederzufinden und mich zu beruhigen. Keine Frage, ich war immer noch aufgeregt, als das rote Licht schließlich aufleuchtete, aber das intensive, wenn auch kurze Geh-Bet hatte mich entspannt und meinen Kopf freigeblasen. – Von guten Mächten wunderbar geborgen...

Einsamkeit und Sehnsucht ins Geh-bet nehmen

»Vor allen Dingen hab Vertrauen in die langsame, stetige Arbeit Gottes«, schrieb der Jesuit Teilhard de Chardin. Ich halte dies für einen außerordentlich weisen Ratschlag für die Menschen, die ruhelos versuchen, alles Warten abzukürzen: Warten auf den richtigen Partner, Warten auf das Semesterende, Warten auf die Beförderung, Warten auf das Erwachsenwerden der Kinder oder auf den Besuch der erwachsenen Kinder, Warten auf den Frühling, Warten auf das Ende unserer langen, langen Reise. Teilhard fährt fort: »Wir sind bei allem, was wir tun, ungeduldig, unser Ziel ohne Verzug zu erreichen, das ist ganz natürlich. Am liebsten würden wir alle Zwischenstationen überspringen. Wir sind ungeduldig und rastlos, weil wir unterwegs sind zu einem unbekannten, einem neuen Ziel.«

Teilhards Beobachtung beruht auf der wichtigen Einsicht, daß wir nicht unterwegs sind, bloß um irgendwo hinzukommen. Wenn wir uns nämlich auf unser Ziel versteifen, wenn wir also vollauf damit beschäftigt sind, nervös zu warten und zu lauern, und ständig besorgt, ob uns hinter der nächsten Ecke etwas aufhalten könnte, dann geben wir den Weg selbst preis. Noch einmal Teilhard: »Hör auf, [deine Ideen] mit Gewalt vorwärts zu peitschen, als könntest du heute schon sein, was die Zeit erst morgen für dich vorgesehen hat. ... Schenke dem Herrn dein Vertrauen, daß Gottes Hand dich leitet, und akzeptiere das bedrückende Gefühl von Spannung und Unvollkommenheit.«

Auch Karlfried von Dürckheim hat sich Gedanken darüber gemacht, wie wir die Gegenwart geduldig und bestmöglich für uns fruchtbar machen können: »Angenommen, wir wollen einen Brief in einen Postkasten werfen, der hundert Meter entfernt ist. Wenn wir nun vor unserem inneren Auge nichts außer dem Briefkasten sehen, dann sind unsere hundert Schritte bis dorthin vertan. Aber wenn jemand auch mit dem Geist aufbricht und sich erfüllen läßt von allem, was in diesem Weg steckt, dann kann selbst solch eine kurze Strecke ihm helfen, sich über vieles Klarheit zu verschaffen und ihn geistig zu erneuern, vorausgesetzt natürlich, er hat die richtige Einstellung.«

In diesem Zusammenhang und zu dem Thema des Wartens und Ersehnens möchte ich Ihnen eine vielversprechende Übung vorschlagen: Betrachten Sie Ihr Geh-Bet selbst als Sinnbild für die Einsamkeit, die Sie empfinden, und für die Erfüllung, nach der Sie sich sehnen. O ja, der Weg kann endlos lang sein, er kann Biegungen und Windungen bereithalten, vielleicht sogar lange, zähe Verzögerungen, während derer unser Geist stumpf und empfindungslos zu sein scheint. Und dennoch geht es voran, langsam, aber stetig. Die hartnäckige Wiederholung Ihrer Schritte, Ihrer Atemzüge, Ihrer schlichten Gebetsäußerung wird Ihr Herz trösten und beruhigen und Ihre Willenskraft stärken. In der *Wolke des Nichtwissens*, dem schon erwähnten Meisterwerk der englischen spätmittelalterlichen Mystik, versichert uns der unbekannte Autor, daß unsere Willenskraft, jene höchste geistige Fähigkeit, nur einen Sekundenbruchteil benötigt, um zum Ziel ihrer Sehnsucht vorzudringen. Wir sind dazu bestimmt, unseren Willen mit dem Willen Gottes zu vereinen, selbst wenn wir oft nicht einmal ahnen, worin der Wille Gottes für uns besteht. Indem wir jedoch unermüdlich mit unserem »nichtwissenden«, blinden Gebet durchhalten, verwandeln wir unsere eigenen Leben und öffnen uns für die alles umwälzenden Konsequenzen.

Wenn es uns gelingt, für Gott in unserem täglichen Leben gegenwärtig zu sein, dann kommt dies einer »geistigen Revolution« gleich, wenn Sie es so nennen wollen. Rosemarie Carfagna schrieb dazu in der Zeitschrift *Spiritual Life*: Diese geistige Revolution wird »vielen Menschen helfen, herauszufinden, daß sie nicht länger allein sind, daß der Lauf der Welt nicht länger von ihnen abhängt, daß auch sie sich auf die Liebe und Gnade Gottes verlassen können, der alle Dinge bewahrt und führt. Was für eine ungeheure Erleichterung für so tüchtige, gewissenhafte, pflichtbewußte Menschen wie uns!«

Was aber ist mit unserer Einsamkeit? Für jeden von uns beginnt sie unweigerlich in dem Moment, in dem wir von unseren Müttern »abgenabelt« werden, und sie endet erst, wenn wir im Tod Einheit mit Gott erlangen. In der Zwischenzeit müssen wir lernen, mit dieser urmenschlichen Erfahrung der Verlassenheit umzugehen, jeder auf seine eigene Weise, so lange, bis unsere Einsamkeit selber uns eines Tages zu Gott zurückführt. Dann aber werden wir gemeinsam mit diesem Gott gehen, diesem liebenden Gott, der uns niemals verlassen wird, weil wir ein Teil von ihm sind.

Für die Zeiten, in denen wir die Einsamkeit und Sehnsucht, den Verlust jeglicher Orientierung besonders brennend spüren, gibt es für das Geh-Beten eine wunderschöne Meditation aus dem Buch des Propheten Jesaja (43,1–3):

> Fürchte dich nicht, denn ich erlöse dich
> und rufe dich beim Namen,
> mein bist du.
> Gehst du durch Wasser, ich bin bei dir,
> durch Ströme, sie werden dich nicht überfluten.
> Gehst du durch Feuer, du wirst nicht verbrennen;
> die Flamme wird dich nicht versengen.
> Denn ich, Jahwe, bin dein Gott,
> der Heilige Israels ist dein Helfer.

Eine der großartigsten Geschichten von menschlicher Einsamkeit erzählt ohne Zweifel das Buch Exodus. Es ist die Geschichte von einem Volk zwischen allen Stühlen. Die Wüste, durch die Israel wanderte, war die einsame Mitte, weder hier noch dort, weder Ägypten noch Kanaan. Weder konnten die Israeliten nach Ägypten in die Sklaverei zurückkehren, noch durften sie auf kürzestem Weg weiterziehen in das Land, in dem Milch und Honig fließen, das verheißene Land. Sie steckten buchstäblich fest.

Andererseits dürfen wir nicht vergessen, daß die Einöde damals wie heute ein Ort göttlichen Erbarmens und Schutzes war. Dort gab es nicht nur aus dem Felsen sprudelndes Wasser und Manna vom Himmel, es gab auch die Säulen aus Wolken und Feuer, die den Menschen bei Tag und Nacht den Weg wiesen.

Und vor allem schloß Gott in der Wüste den Bund mit seinem Volk. Auf dieses Versprechen Gottes dürfen wir uns heute noch verlassen. Es kann uns Kraft geben, wenn wir durch karge, öde Landstriche ziehen müssen. Darum können wir in das Gebet des Mose einstimmen (Exodus 34, 8f):

> Wenn ich Gnade in deinen Augen gefunden habe, o Herr,
> dann möge doch mein Herr in unsrer Mitte mitziehen.
> Es ist zwar ein halsstarriges Volk.
> Aber bergib unsere Schuld und unsere Sünde
> und nimm uns an als dein Erbe.

Vielleicht müssen wir lernen, in unserem Leben ein gewisses Maß an geistiger Einsamkeit zuzulassen. Es kann zuweilen den Anschein haben, als ließe uns Gott für lange, lange Zeit allein, womöglich sogar in besonders kritischen Lebensabschnitten. Selbst Jesus mußte am Kreuz die Erfahrung der Verlassenheit und bitteren Vereinsamung machen: »Mein Gott, warum hast du mich verlassen?« Aber erinnern wir uns daran, daß Gott diese Qual in ein Gefühl des Angenommenseins und erneuerten Glaubens verwandelte, als Christus seinen Geist in die Hände Gottes legte. Auch wir können dies mit unserer Willenskraft und durch unser Gebet schaffen.

Trauer und Schmerz ins Geh-Bet nehmen

Vor wenigen Jahren ist meine Mutter verstorben. Wenn ich an ihrem Todestag geh-bete, konzentriere ich mich auf den Schmerz und die Freude, die mich ergreifen, wann immer ich mich an sie und ihr Leben erinnere. Bei meinem Geh-Beten stellte ich mir vor, daß sie mich begleitet. Weil meine Mutter in ihren letzten Jahren nur noch sehr langsam laufen konnte, bremste der Gedanke meinen Schritt ein wenig, aber auch dieser Teil gehört ganz selbstverständlich zu der Gesamterfahrung.

Das geheimnisvoll-anrührende Gedicht *Mit dem Gefährten* von Rose Ausländer[11] beispielsweise ist eine sanfte Starthilfe für ein Geh-Bet »mit« einem Verstorbenen. Aber auch im *Gotteslob,*[12] dem katholischen Gebet- und Gesangbuch, finden sich Gebetsgedanken, denen man unterwegs gut nachhängen kann:

> Wir danken dir, Herr Gott, für diesen Menschen, der so nahe und kostbar war und der uns plötzlich entrissen ist aus unsrer Welt. Wir danken dir für alle Freundschaft, die von ihm ausgegangen, für allen Frieden, den er gebracht hat; ... und daß er bei aller Unvollkommenheit ein liebenswerter Mensch geworden ist. Wir bitten dich, Herr, daß wir alle, die mit ihm verbunden sind, jetzt auch, gerade wegen seines Todes, tiefer miteinander verbunden seien. Und auf Erden mögen wir gemeinsam in Frieden und Freundschaft deine Verheißung erkennen: Auch im Tod bist du treu.

Mit solchen Gebeten und Gedichten denke ich beim Geh-Beten häufig an liebe Menschen, die ich in meinem Leben verloren habe. Und wenn ich sage, daß ich bei diesen Gelegenheiten »mit ihnen« gehe, dann bedeutet das, daß ich mit dem *Wesentlichen* dieser Menschen gehe, dem, was man ihr Vermächtnis nennen könnte: was sie waren und für uns heute noch sind. Gewissermaßen ihr Geist. Als ich »mit« meiner Mutter ging, ging ich mit ihrem fürsorglichen, temperamentvollen, gleichermaßen furchtsamen und furchtlosen Geist. Und mein Mantra, mein Gebetsruf, unterwegs war: »Sie liebte! ... Sie lebt!« Oder als ich vor kurzem »mit« einem

verstorbenen Freund ging, wiederholte ich immer wieder: »Er ...
lacht!« Wenn ich »mit« meinem Vater gehe, dann sprechen wir
immer noch nicht viel. Und das ist ganz in Ordnung so.

Wenn Sie mit dem Verlust eines nahestehenden Menschen
fertig werden müssen, dann ermuntere ich Sie, einen tröstlichen
– oder vielleicht sogar klärenden – Spaziergang mit dem Toten zu
machen. Möglicherweise haben Sie noch eine offene Rechnung
mit dieser Person. In solch einem Fall ist nichts heilsamer, als an
die frische Luft zu gehen und darüber zu sprechen. Suchen Sie
sich als Gebetsäußerung oder Mantra eine Formel, die das innerste Wesen des Menschen, der »mit« Ihnen geht, skizziert.

Es ist nur recht und billig, daß diejenigen, die vor uns die
Erde beschritten haben, auch heute unsere Weggefährten sind.
Manchmal können wir ihre Gegenwart fast greifbar spüren, so
intensiv, daß uns plötzlich klar wird, daß wir mit ihnen reden.
Wenn Sie diese Gesellschaft trotz ihrer offensichtlichen Grenzen
als heilsam und trostreich empfinden, so wie ich – um so besser!

Wenn ich traurig und mutlos bin und alles hoffnungslos
finde, dann hat das Geh-Beten mir oft gezeigt, daß ich mich selbst
nicht ganz so wichtig zu nehmen brauche. Es stimmt sicher: Sie
haben allen Grund, traurig, sogar deprimiert zu sein, und es wäre
widersinnig, Ihren Kummer und Ihre Schwermut zu leugnen,
aber wenn Sie da draußen in der Natur Ihr Sein und Ihr Leben
eingebettet in den Konnex der weiten Welt sehen, dann kann dies
eine sehr wirkungsvolle Therapie sein. Es wird Ihre Gefühle der
inneren Leere, Nichtigkeit und stillen Verzweiflung entweder ver-
stärken – oder aber Sie werden die ganz gegenteilige Erfahrung
machen, daß trotz der scheinbaren »Bedeutungslosigkeit« Ihres
Lebens *der liebende Gott, dem Sie unermeßlich viel bedeuten, Ihnen nahe ist.* Der jüdische Denker Martin Buber schrieb dazu aus
fester Überzeugung: »Wir leben unser Leben im Auge Gottes und

nicht etwa am Rand seines Blickfelds. Vielleicht wissen wir in unseren Herzen die ganze Zeit über, daß wir Gott brauchen – aber weißt du nicht, daß Gott dich braucht, in der Fülle der Ewigkeit: Dich?«

Darum werden wir unweigerlich feststellen, daß da noch Ein Anderer mit uns geht – natürlich nur, wenn wir Ihn einladen. Jemand, der jederzeit bereit ist, uns zu trösten, uns beizuspringen und alles Glück und alle Trauer, den Tod und das Leben in das richtige Licht zu rücken.

Juliana von Norwich, eine Inklusin und Visionärin, schrieb um 1373 diese trostreiche Meditation für Zeiten, in denen wir uns eines lieben Menschen beraubt und verzweifelt fühlen:

Wir können niemals aufhören, zu trauern und zu weinen, zu suchen und zu sehnen, bis wir Ihn deutlich vor uns sehen, von Angesicht zu heiligem Angesicht, denn bei diesem gesegneten Anblick kann keine Trauer bestehen und keine Glückseligkeit fehlen.

In seinem Buch *Quaker Spirituality* läßt uns Rufus M. Jones teilhaben an einer anrührenden und zugleich kraftvollen Erfahrung, die es wirklich wert ist, daß wir sie bedenken, wenn wir »mit« Gott durch unsere Trauer, unseren Kummer und unsere Sehnsucht gehen:

Als meine Trauer [wegen des Todes meines Sohnes] am qualvollsten war, ging ich die Hauptstraße einer großen Stadt entlang. Plötzlich bemerkte ich, wie ein kleines Mädchen aus einem wuchtigen Tor heraustrat, das hinter ihm fest ins Schloß fiel. Das Kind wollte umkehren und in sein Zuhause zurückgehen, aber es konnte das Tor nicht öffnen. Vergeblich trommelte sie mit ihren kleinen Fäustchen dagegen und rüttelte an dem eingeschnappten Schloß. Dann jammerte sie los, als würde ihr kleines Herz brechen. Dieses Weinen rief die Mutter herbei. Sie nahm das Kind auf den Arm und küßte die Tränen weg. »Wußtest du denn nicht, daß ich kommen würde? Jetzt ist alles wieder gut.« Und in diesem Moment sah ich in meinem Geist, daß auch hinter meinem verschlossenen Tor die Liebe war. Ja: Wo so viel Liebe ist, da muß noch mehr sein.

Unsere Fürbitten mit ins Geh-Bet nehmen

Fürbitten gehören zu unseren häufigsten Gebeten überhaupt. Es gibt so vieles, was wir brauchen, und so vieles mehr, was wir uns wünschen. Jesus selbst lehrte uns im Vaterunser die wichtige Fürbitte »Unser tägliches Brot gib uns heute«. Damit wollte er uns nahelegen, daß wir Gott um ausreichend Nahrung für »heute« bitten – eine gute Botschaft auch für uns moderne Menschen.

Zwar ist es keineswegs ungehörig, wenn wir flehentlich für die Bedürfnisse und Probleme beten, die die Zukunft für uns bereithält: die Fortbildung unseres Partners, die Abschlußprüfung der Tochter, der nächste Familienurlaub. Aber Christus legte uns ans Herz, daß wir vor allem für das *Heute* beten, daß uns *heute* unser tägliches Brot geschenkt werden möge. Erinnern wir uns, daß das Manna, das Gott in der Wüste vom Himmel regnen ließ, immer nur für den jeweiligen Tag bestimmt war. Die Menschen sollten es nicht aufheben. Ich glaube, von dieser Geschichte des Buches Exodus können wir einiges lernen:

Da sprach Jahwe zu Mose: Wohlan, ich will euch Brot vom Himmel regnen lassen. Das Volk soll dann hinausgehen, aber sich nur den täglichen Bedarf sammeln. Damit will ich es prüfen, ob es nach meiner Weisung wandeln will oder nicht ... Die Israeliten taten so und lasen auf, der eine viel, der andere wenig. Als sie aber mit dem Omer maßen, hatte der eine, der viel gesammelt hatte, keinen Überfluß, und der wenig gesammelt hatte, keinen Mangel. Jeder hatte nach seinem Bedarf aufgelesen.

(Exodus 16,4.17f)

Natürlich sollten wir auch um eine andere Art Brot beten: das »geistige Brot«, das unsere Seele nährt, stärkt und heilt. Es ist das Brot, um das wir bitten, wenn wir Gott um seine vielen Gnadenerweise in unserem Leben anrufen: den Mut, morgens aufzustehen, die Weisheit, die richtigen Entscheidungen zu treffen, das Bangen, wenn wir unsere Kinder der Schule und den Raufbolden in der Bank neben ihnen überantworten, die Liebe, die wir unserem Partner in einem offenen Gespräch zeigen wollen und die wir vom Partner erhoffen, die Lektionen über das Leben und den Tod, die wir in Krankenhäusern und Altersheimen lernen, und so weiter und so fort.

Man sagt, daß »fortgeschrittene« Beter mehr für andere Menschen beten als für sich selbst. Das wäre die logische Schlußfolgerung aus dem Auftrag des Evangeliums, unseren Nächsten zu lieben. Tatsächlich sollte sich ein großer Teil unseres Gebets damit beschäftigen, daß Gott unserem Nächsten sein tägliches Brot schenken möge, und zwar das physische ebenso wie das geistige Brot. Angesichts der Tatsache, daß eine Milliarde Menschen auf dieser Welt, alles unsere Nächsten, Abend für Abend hungrig zu Bett gehen, ist das Gebet um das tägliche Brot *heute* für viele eine Frage von Leben und Tod. Wir sollten Gott immer wieder mit der Bitte bestürmen, daß wir Mittel und Wege finden, diese unglaublich traurige und herzzerreißende Statistik des Hungers zu ändern. Vielleicht wird unser Gebet nicht direkt Brot auf die Teller der Armen und Hungrigen legen, aber ganz bestimmt schärft es unser Bewußtsein für das Schicksal dieser Menschen. Und das ist ein wichtiger *Beginn*.

Dennoch dürfen und sollen wir auch für unsere eigenen Anliegen beten. Gott will, daß es uns gut geht, genauso, wie wir selbst uns das wünschen.

Lassen Sie mich Ihnen ein paar Gebete und Starthilfen für den Fall geben, daß Sie mit Ihren Fürbitten geh-beten möchten. Der Eingangsruf des liturgischen Stundengebets ist in meinen Augen ein großartiges Mantra:

O Gott, komm mir zu Hilfe!
Herr, eile, mir zu helfen!

Das alte Gebet *Anima Christi* ist vielen Menschen vertraut, die unterwegs sind zum Reich Gottes. Die Worte haben von sich aus einen sanften Rhythmus und bieten sich fast von alleine für ein Geh-Bet an. Besser noch, Sie dringen mit Leidenschaft zum Innersten des Bittgebets vor:

Seele Christi, heilige mich.
Leib Christi, rette mich.
Blut Christi, tränke mich.
Wasser der Seite Christi, wasche mich.
Leiden Christi, stärke mich.
O guter Jesus, erhöre mich.
Birg in deinen Wunden mich.

Von dir laß nimmer scheiden mich.
Vor dem bösen Feind beschütze mich.
In meiner Todesstunde rufe mich,
zu dir zu kommen heiße mich,
mit deinen Heiligen zu loben dich,
in deinem Reiche ewiglich.

Zum Schluß noch ein kleines, einfaches Gebet der Bitte und der Hingabe:

Ich kann nicht.
Gott kann.
Das Beste wird sein, ich lasse Gott machen.

Für den Frieden geh-beten

Wenn es eine Wirkung des Geh-Betens gibt, mit der man fest rechnen kann, dann ist es das Gefühl von Frieden, das es dem Beter schenkt. Schon oft haben mir Menschen versichert, daß sich in ihnen innerer Friede ausbreitete, als sie nur etwas über das Geh-Beten lasen oder darüber nachdachten. Vorhin habe ich beschrieben, wie wir unsere innere Mitte finden können, wenn wir »unseren Zorn und unsere Furcht ins Geh-Bet nehmen«. An dieser Stelle nun möchte ich mich mit Frieden im weiteren Sinn beschäftigen, mit einem anderen Gefühl von Frieden, das uns unser Geh-Beten vermitteln kann.

Sicherlich bin ich kein »Friedenspilger«. Solche Menschen hat es in der Geschichte gegeben: heilige Männer und Frauen, die durch die Welt wanderten und überall ihren Traum von Frieden und Gerechtigkeit verkündeten. Unser Geh-Beten kann aller-

dings die Qualität eines Friedensmarsches erreichen – wenn auch
nicht so dramatisch wie jene Protestmärsche, die der amerikanische Bürgerrechtler Martin Luther King in den sechziger Jahren
in seinem Kampf gegen die Rassendiskriminierung auslöste.
Geh-Beten kann der Welt jedoch *Zeugnis davon geben*, daß es
Frieden und Leben in Fülle auch »auf der Kriechspur« gibt. Denken Sie nur an die kontemplativen Ordensleute, die nach außen
hin »gar nichts tun« – und überlegen Sie, ob es nicht ziemlich be-
eindruckend ist, wenn Hunderte von ihnen dies gleichzeitig tun.
Genauso kann auch unser Geh-Beten anderen Menschen eine
Botschaft von Frieden und Harmonie vermitteln. Geh-Beten
oder »Gehen für den Frieden«, wie wir es in diesem Zusammenhang nennen wollen, kann unsere Einheit mit der Schöpfung
symbolisieren, unser Bekenntnis zum Frieden, unser Zeugnis
dafür, daß man auch ohne eine dicke Brieftasche oder ein schnel-
les Auto »an ein Ziel gelangen« kann.

»Gehen für den Frieden« ist ein äußerer Ausdruck dafür, daß
wir an die Stille glauben, an die Einsamkeit, die heitere Gelassenheit, das geistige Leben. Das ist ein wichtiger Wert, den unsere
Kinder, unsere Nachbarn, Arbeitskollegen und Freunde von uns
abgucken können. Natürlich »brüllt« das Geh-Beten diese Botschaft nicht in die Welt hinaus – aber das paßt völlig zusammen
mit dem harmonischen, friedenschaffenden Geist dieser Übung.
Auch wenn wir nicht pausenlos signalisieren: »Hallo, schaut mal
alle her: Ich geh-bete!«, so zeigen wir unseren Mitmenschen –
und bestätigen uns selber – doch, daß wir aktive Teilnehmer an
der geistigen Sinnsuche sind.

In Lobpreis und Dankbarkeit geh-beten

»Es gibt nur ein einziges Gebet, das zu allen Zeiten durch die ganze Schöpfung klingt. Wir stimmen in dieses Gebet ein ... Wir schließen uns dem kosmischen Tanz des andächtigen Lobpreises an, auch wenn wir wissen, daß noch viel Arbeit erledigt werden muß, bevor das Fest wirklich beginnen kann.« Dieses Zitat von Jane Marie Richardson stammt aus einer Rezension des Buches *Praying with Thomas Merton.*

Am selben Tag, als ich den Satz las, hatte ich das große Glück, selbst zu erfahren, was Frau Richardson ausdrücken wollte. Es war an einem Wintermorgen, und ich geh-betete. Da begegnete ich einem älteren Paar, offensichtlich Großeltern, die mit ihrer etwa vier Jahre alten, warm eingemummelten Enkelin einen Spaziergang durch den frisch gefallenen Schnee machten.

Oma und Opa warfen mit beiden Händen große Ladungen Schnee in die Luft, gerade hinein in den glitzernden Sonnenschein, und alle drei schauten mit einem lauten, begeisterten »Huiiiiii!« zu, wie er wieder zu Boden sank. Diese Leute geh-beteten, ohne sich dessen bewußt zu sein. Nun, vielleicht hatten sie auch eine Ahnung davon. Jedenfalls machten sie mein eigenes Geh-Beten an diesem Morgen zu einem Erlebnis, das mich in eine geistliche Hochstimmung versetzte, denn in meiner Erinnerung tauchten Bilder von meinen Kindern auf, als sie noch klein waren und meine Eltern mit ihnen spielten. Es war, wenn Sie so wollen, eine Gebetserfahrung, die eine Brücke zwischen den Generationen schlug. Und es war eine Erfahrung, die eine Brücke zur Natur schlug, denn ich beobachtete, wie der von Gott geschenkte Schnee von menschlichen Händen in die Luft geschleudert wurde, zur Freude eines kleinen Kindes, zur Freude der liebevollen Großeltern und zur Freude auch eines zufällig vorbeikommenden Zuschauers. – Sei gepriesen, mein Herr, durch unsere Schwester, den Schnee!

Robert Louis Stevenson schrieb einmal: »Hoffnungsvoll zu reisen ist besser als anzukommen.« Ich versichere Ihnen: für einige wunderschöne Augenblicke da draußen auf dem verschneiten Feld waren wir alle »angekommen«.

Der Herr will, »daß wir das Leben haben, und daß wir es in Fülle haben«. Wie könnten wir denn besser beweisen, daß Leben in unseren Körpern steckt, als wenn wir sie bewegen? (Zugegeben, manchmal zieht sich solch ein Beweis in den schmerzenden Muskeln ordentlich in die Länge.) Jeder vernünftige Mensch wird einräumen, daß es gesund und lebenspendend ist, den Körper zu bewegen, Sport zu treiben, zu gehen. Ich möchte diese These noch zuspitzen und behaupte, daß *die Erfahrung des Geh-Betens selbst lebenspendend ist*. Ron Strickland schreibt in seinem Buch *Shank's Mare*, das den Untertitel »Ein Kompendium außergewöhnlicher Spaziergänge« trägt: »Wenn wir freiwillig zu Fuß gehen, bedeutet das nicht, daß wir die Technologie, wie etwa Autos, Busse oder Flugzeuge ablehnen; vielmehr bekunden wir unsere Freude darüber, daß wir zwei Beine besitzen.« O ja, diese Erkenntnis kann tatsächlich ein pures Glücksgefühl in uns erzeugen. Wenn Menschen solche Euphorie spüren, dann brechen sie oft Hals über Kopf auf und knöpfen sich Wanderwege, Wälder und Wiesen vor – oder zumindest die Bürgersteige und Parkanlagen der Städte. Diese Menschen *geh-beten*!

Warum nehmen Sie sich nicht einfach vor, demnächst hinauszugehen und Gott zu preisen, von dem aller Segen kommt. Sie brauchen keinen anderen Grund dafür als den, daß Ihnen gerade danach zumute ist. Sam Keen schreibt dazu in seinem Buch *Wider die Leere in unserer Zeit*:

Machen Sie es zum Ritual, häufig innezuhalten, um etwas zu würdigen und dankbar zu sein. Segnen Sie die Speisen, die Sie ernähren. Segnen Sie jeden, der Sie auf die eine oder andere Weise liebt. Segnen Sie die Gaben und Talente, die Sie schöpferisch sein lassen. Segnen Sie die Farben, eine nach der anderen ... Segnen Sie alte Freunde. Segnen Sie kleine Kinder und alte Eltern. Segnen Sie das Zueinanderpassen von Männern und Frauen, die Zunge und die Hochgestimmtheit und alle Säfte der Lust. Segnen Sie besonders Bach und wer immer Ihren Hintern und Ihr Herz in Schwung bringt. Segnen Sie jene Bücher, die Sie gesegnet haben. Segnen Sie den Schlaf und das Erwachen.

In den Psalmen gibt es eine perfekte Starthilfe für ein Geh-Bet in Lobpreis und Dankbarkeit. Achten Sie darauf, wie der Psalmist die Erhabenheit der Schöpfung preist, aber auch die »wortlose Botschaft«, die uns die Schöpfung ausrichtet:

Die Himmel rühmen die Herrlichkeit Gottes,
die Himmelsfeste verkündet das Werk seiner Hände.
Der Tag gibt weiter das Wort an den Tag,
die Nacht vermeldet der Nacht ihre Kunde.
Da ist keine Sprache, kein Wort,
unhörbar bleibt ihre Stimme.
Und doch, in alle Welt ertönt ihr Ruf,
ihre Botschaft bis an die Enden der Erde.
(Psalm 19,1–4)

Auch auf die Gefahr hin, daß das Folgende die Hochstimmung des Psalms dämpfen könnte, kann ich es mir nicht verkneifen, Ihnen eine andere Form des Lobpreises und der Danksagung vor-

zustellen. Der Text stammt von Johannes Tauler, einem Domini-
kaner, Prediger und Mystiker des 14. Jahrhunderts. Lassen Sie
seine Worte auf sich wirken, dann *spüren* Sie förmlich das Feuer,
das von seiner Predigt ausging. Und vielleicht möchten dann
auch Sie den Lobpreis Gottes einmal in demselben Geist singen:

> Geliebte Brüder und Schwestern! Ihr wißt nicht, was Liebe
> ist. Ihr glaubt, ihr hättet sie gefunden, weil euch leiden-
> schaftliche Gefühle überkommen, weil ihr Freude und Be-
> glückung spürt. Aber dies ist nicht einmal entfernt Liebe.
> Dies ist nicht die Art, wie die Liebe sich verhält. Wenn wir lie-
> ben, dann sind wir entflammt, dann begehren wir Gott, dann
> schmachten wir nach Gott, dann fühlen wir uns von Gott
> verlassen, in ständiger Qual, und doch zufrieden damit, ge-
> quält zu sein; verbrannt durch das Feuer unseres Durstes
> nach Gott und doch, inmitten dieser Pein, zufrieden. Das ist
> Liebe, ganz anders als ihr es euch vorgestellt habt. Es ist das
> entzündete Licht.

»In Dankbarkeit mit Gott gehen«: Darum bemühte sich auch die
holländische Jüdin Etty Hillesum, die 1943 in Auschwitz ermor-
det wurde. Nach ihrem Tod wurde das Tagebuch, das sie in ihren
letzten Lebensjahren geführt hatte, veröffentlicht.[13] Obwohl sie
die ganze Hölle des nationalsozialistischen Judenhasses erlebte,
zeigen ihre Notizen keine Spur von Verbitterung. Der folgende
Ausschnitt ist ein inspirierender Ausdruck für die Macht der
Dankbarkeit:

> Wenn du erst einmal begonnen hast, mit Gott zu gehen,
> dann brauchst du nur mit Ihm weiterzugehen, und das ganze
> Leben wird ein einziger langer Spaziergang – was für ein

überwältigendes Gefühl! ... Ich hasse niemanden. Ich bin nicht verbittert. Wenn die Liebe für die Menschheit erst einmal in dir Wurzeln geschlagen hat, dann wird sie ins Grenzenlose wachsen.

Unsere Feinde ins Geh-Bet nehmen

Sie haben schon richtig gelesen: Ich habe diesen Abschnitt nicht etwa »Mit unseren Feinden geh-beten« überschrieben. Es geht mir darum, daß wir unsere Feinde »ausführen« und sie unterwegs »entlassen«, sie »absetzen«, einen nach dem anderen!

Vielleicht klingt das wie dummes Geschwätz oder auch zu drastisch, aber lesen Sie bitte weiter. Mit »Feinden« meine ich nicht nur die Menschen, gegen die Sie eine Abneigung haben, die Sie hassen oder denen Sie etwas nicht verzeihen können – und auch nicht nur solche Personen, die eine Abneigung gegen *Sie* haben, die *Sie* hassen oder die *Ihnen* nicht verzeihen. Ich spreche vielmehr auch von negativen *Eigenschaften*: von den Sünden, Schwächen und Unarten, die ebenfalls unsere Feinde sind.

Was könnte besser sein, um sich der Probleme mit solchen Menschen oder mit solchen negativen Lebensbereichen klarzuwerden, als ein schöner, langer, aufmunternder Spaziergang. Natürlich möchte ich Ihnen nicht vorschlagen, daß Sie einen Widersacher geistig »abservieren« oder jemanden, der Sie hängen gelassen hat, nun Ihrerseits fallenlassen. Es geht mir darum, daß Sie über und für diese Personen beten – und für deren Charakterzüge, die Sie auf die Palme bringen.

Welche Charakterzüge sind das? Nun, es dürfte uns nicht schwerfallen, sie aufzulisten, denn wie sagt das Sprichwort? »Wir haben den Feind gefunden, und der Feind ist in uns.«

Im vorigen Kapitel habe ich unter der Überschrift »Weitere Starthilfen für das Gebet« zahlreiche Tugenden und Charakterstärken aufgelistet und Sie ermutigt, darüber nachzudenken, was diese Eigenschaften mit *Ihrem* Leben und *Ihrem* Verhalten zu tun haben. Diese Aufzählung kann ohne weiteres als eine Liste von »Freunden« bezeichnet werden. Ebenso gibt es aber auch eine *entsprechende Liste von »Feinden«.* Wenn Sie nun »Ihre Feinde ins Geh-Bet nehmen« wollen, ist es sehr hilfreich, wenn Sie die Liste durchgehen und nicht nur über die positiven Eigenschaften nachdenken, sondern auch über die jeweiligen Antithesen – und darüber, wie jede Antithese in einer Person oder in einem Charakterzug in Ihrem alltäglichen Leben zum Tragen kommt.

Im Anschluß an diese Meditation möchten Sie vielleicht ein Gebet der Vergebung formulieren, ein Gebet, das Sie dieser Person näherbringt, die Sie für Ihren Feind halten. Fast unweigerlich führt das dazu, daß Sie diese Person nicht länger als Feind betrachten können. Vielmehr erkennen Sie, daß sie ein Kind Gottes ist, genauso wie Sie selbst. Einer von uns. Eigentlich vergeben wir uns selbst, wenn wir diesem Menschen vergeben.

Unsere Verletzungen, unsere Sorgen, unser unechtes Ich – all das gehört ebenfalls zu unseren »Feinden«. Lassen Sie von ihnen ab, geben Sie sie frei und gehen Sie selber weiter auf Ihr Ziel zu, auf die Selbstbeherrschung – und auf den Frieden.

Teresa von Avila schrieb ein befreiendes, wenn auch provokatives Gebet, das uns herausfordern kann, »unsere Feinde zu geh-beten«:

Laßt uns denjenigen lieben, der uns kränkt, denn auch unser großer Gott hat nicht aufgehört, uns zu lieben, obwohl wir ihn zutiefst gekränkt haben. Darum ist der Herr im Recht,

wenn er von uns allen verlangt, daß wir das Unrecht vergeben, das uns angetan wurde.

Geh-Beten läßt uns die Einheit aller Dinge erfahren. Vielleicht
können wir an dieser Stelle innehalten und Gott bitten, uns erkennen zu lassen, daß wir tatsächlich ganz konkret *unsere eigenen
Feinde* sind – und daß wir vor Gott freigesprochen sind. Laßt
uns beten, »daß sie alle *eins* sein mögen«.

In der Fastenzeit geh-beten

Durch meine Arbeit in einem Verlag für religiöse Literatur bekomme ich unmittelbar mit, welchen Einfluß die Fastenzeit auf
das Gebetsleben der Menschen ausübt. Wir geben unter anderem
eine Reihe von kleinen Meditationsheftchen heraus, die *Gebets-
notizen*, die sich das ganze Jahr über gut verkaufen. Zur Fastenzeit jedoch kaufen die Menschen diese Hefte wie verrückt! Die
Fastenzeit ist eben eine ideale Zeit für Gebet.

Die 40 Tage vor Ostern sind für viele Menschen – besonders
für diejenigen, die sich den großen Kirchen zugehörig fühlen –
der Zeitraum, in dem sie intensiv »zur Besinnung kommen«, in
dem sie »kontemplativ werden« und aufrichtig an sich selbst arbeiten, um ihr Gebet zu vertiefen und Gott in Gedanken, Worten
und Taten näherzukommen.

Der Kreuzweg, über den wir schon gesprochen haben, ist ein
hervorragender Ausgangspunkt für unser Gebet in der Fastenzeit. Indem wir bei unserem Geh-Bet die Leiden und den Tod
Christi meditieren, versetzen wir uns selbst auf symbolische
Weise in die Fußspuren unseres Herrn, als er uns sein tiefstes
und äußerstes Geschenk machte.

Während der Fastenzeit sind wir ausdrücklich dazu aufgefordert, inständig zu beten, zu fasten, zu verzichten und Abstand zu gewinnen, mit einem Wort, uns selbst innerlich leer zu machen und dem Göttlichen auszuliefern. Um ein Gespür für den besonderen Geist dieser Zeit zu bekommen, kann es hilfreich sein, wenn wir uns in den folgenden Weisheitstext vertiefen. Er stammt von Meister Eckhart, einem Dominikanermönch, Theologen und Prediger aus dem 14. Jahrhundert, dessen Worte heute noch so provokativ sind wie damals:

Das kraftvollste Gebet und nahezu das Mächtigste überhaupt, mit dem alles erreicht werden kann, und das ehrenvollste aller Werke ist das, welches einem leeren Geist entspringt. Je leerer der Geist, desto machtvoller, würdiger, fruchtbarer, lobenswerter und vollkommener das Gebet und das Werk. Der leere Geist kann alles vollbringen. Was ist ein leerer Geist? Leer ist ein Geist, der durch nichts abgelenkt ist, der durch nichts verpflichtet ist, der seine besten Fähigkeiten an keinerlei feste Handlungsweise gebunden hat und der überhaupt kein Interesse an seinem eigenen Vorteil hat, wie immer dieser auch geartet sein mag, weil er ganz versunken ist in den kostbarsten Willen Gottes und seinem eigenen Willen entsagt hat.

Zu Weihnachten geh-beten

Angesichts des alljährlichen Trubels und Gewühls um Weihnachten herum könnte man meinen, daß jeder ruhige »Spaziergang mit Seele« im Keim erstickt und unmöglich gemacht wird. Und doch ist dies eine der vielversprechendsten und besten Jahreszeiten für das Geh-Beten. Warum? Weil wir an Weihnachten die Geburt eines Kindes feiern, das so ganz und gar Mensch war, daß es erst lernen mußte, *mit uns* zu gehen, und das gleichzeitig so völlig Gott ist, daß er uns versprechen konnte, daß *wir* auf dem Wasser gehen können.

Die Evangelien beschreiben glaubhaft, daß Jesus wütend wurde, daß er weinte, daß er Hunger und Durst kannte, daß er blutete, wahrhaftig Schmerzen litt und wahrhaftig starb. Danach aber stand er ebenso wahrhaftig von den Toten auf. (»Wir wollen eines klarstellen«, schreibt der Theologe Lawrence Cunningham: »... Ist Christus nicht von den Toten auferstanden, dann verschwenden wir alle unsere Zeit.«)

O ja, Jesus ging über diese Erde, genau wie wir. Und wenn es nicht Gott war, damals in jener Krippe, dann verschwenden wir unsere Zeit. Aber wir glauben, daß er es war. Wir sind felsenfest davon überzeugt. Darum können wir bei unserem weihnachtlichen Geh-Beten aus ganzem Herzen singen:

Nun freut euch, ihr Christen, singet Jubellieder
und kommet, o kommet nach Betlehem.
Christus, der Heiland, stieg zu uns hernieder.
Kommt, lasset uns anbeten den König, den Herrn.

O sehet, die Hirten eilen von den Herden
und suchen das Kind nach des Engels Wort;
gehn wir mit ihnen, Friede soll uns werden.
Kommt, lasset uns anbeten den König, den Herrn. (...)

Vielleicht suchen Sie aber auch eine kürzere, einfache Meditation für Ihr Geh-Beten an Weihnachten? Dann schlage ich Ihnen dieses provokative Wort vor:

Imma ... nuel.
Gott ... mit uns.

In Gottes schöner Natur geh-beten

Das Folgende erinnert zwangsläufig ein wenig an das, was ich
weiter oben über das Geh-Beten in Lobpreis und Dankbarkeit geschrieben habe. Jetzt jedoch möchte ich den Schwerpunkt stärker
auf das Erleben der Natur legen. Für uns ist die Natur eine Zufluchtsstätte, mit der wir in Austausch treten und mit der wir
»eins sein« können.

Ich möchte Ihnen ein besonderes Thema für ein Geh-Bet in
der freien Natur vorstellen; man könnte es als »Geh-Beten in alle
vier Winde« bezeichnen. Erst gestern unternahm ich selber einen
Spaziergang an einem der stürmischsten Tage, an die ich mich erinnern kann. Jener alte irische Segen »Mögest du den Wind immer im Rücken haben« gewann eine ganz greifbare Bedeutung
für mich! Auf dem Hinweg trug mich der Wind in meinem
Rücken regelrecht vorwärts, aber der Heimweg in diesem Win-
tersturm war ein kräftezehrender Kampf.

Für Ihr »Geh-Beten in alle vier Winde« empfehle ich Ihnen
den folgenden Meditationstext meiner Kollegin Karen Katafiasz,
die diese »Gebete mit Blick in die vier Himmelsrichtungen« in einem Büchlein veröffentlichte (*Prayers to Be Said Facing the Four
Directions*). Selbst wenn Ihr Weg nicht in alle vier Himmelsrichtungen führt – obwohl das häufig der Fall sein wird –, sind die
meditativen Gedanken es wert, mitgenommen zu werden, egal,
ob Sie alleine gehen oder in einer Gruppe gleichgesinnter Beter:

Vor dem Aufbruch: Wir leben allezeit in der Gegenwart Gottes. Laßt uns einen Moment innehalten, damit wir uns der Göttlichen Gegenwart in uns und um uns herum, über und unter uns bewußt werden. Gott hat uns die Schöpfung geschenkt. Und sein Werk ist gut. Vom Osten bis zum Westen, vom Norden bis zum Süden verehrt dich die ganze Schöpfung, o Gott. Amen.

Nach Norden gewandt: Wir blicken gen Norden, woher die unaufhörliche magnetische Kraft stammt, die uns zuverlässig die Richtung weist. Aus dem Norden sendet Gott die harten Winterstürme, die den Kreislauf des Wachstums abklingen lassen und die Erde in tiefen Schlaf legen. Der Norden ist der Ursprung der Naturgewalten, die uns Respekt abverlangen. Er lehrt uns den Wert der Beständigkeit und der Tapferkeit und lädt uns ein, in der lautlosen Dunkelheit auszuharren mit dem Vertrauen im Herzen, daß die Erneuerung sicher bevorsteht. Wir preisen die Gaben, die Gott uns aus dem Norden schenkt. Amen.

Nach Osten gewandt: Wir blicken gen Osten, von wo die Sonne uns jeden Tag grüßt. Aus dem Osten sendet Gott strahlendes Licht in vielen Farben, erst rot, dann orange, dann golden, um die Erde in Glanz und Wärme zu tauchen. Der Osten ist der Ursprung des Neubeginns. Er lehrt uns, daß jeder Tag, so wie jeder Frühling, aufs neue Leben bringt – Leben, das wir mit Leidenschaft ergreifen und mit unseren Träumen füllen sollen. Wir preisen die Gaben, die Gott uns aus dem Osten schenkt. Amen.

Nach Süden gewandt: Wir blicken gen Süden, in das Land des Äquators und der tropischen Sonne. Aus dem Süden sendet Gott die heißen Sommerlüfte, welche die ausgestreuten Samen anregen, zu wachsen und zu reifen. Der Süden ist der Ursprung der lebenserhaltenden Vermehrung und Entwicklung. Er lehrt uns Beharrlichkeit in unserem Lernen, unserem Wachsen und Heilen, damit wir immer mehr zu den Menschen werden, als die Gott uns vorgesehen hat. Wir preisen die Gaben, die Gott uns aus dem Süden schenkt. Amen.

Nach Westen gewandt: Wir blicken gen Westen, dorthin, wo der Horizont die untergehende Sonne umarmt. Aus dem Westen sendet Gott auch heute das verblassende Abendlicht, während die Winde des Westens das morgige Wetter schon zu uns treiben. Der Westen ist der Ursprung des Scheidens, aber eines Scheidens, dem nach einer Zeit der Finsternis immer das Versprechen von Neubeginn und Veränderung folgt. Er lehrt uns, wie die sterbenden Blätter des Herbstes, daß wir zuweilen loslassen müssen, daß das Gute-Nacht und das Lebewohl notwendig sind und daß sie wahrhaftig gut sein können. Wir preisen die Gaben, die Gott uns aus dem Westen schenkt. Amen.

Schlußgebet: Großer Gott, wie die vier Himmelsrichtungen (, in die wir gehen,) umfängt uns deine Liebe und versorgt uns mit allem, was wir nötig haben. Wir sagen dir Dank, daß wir an diesem Ort, zu dieser Zeit auf dieser Erde sein dürfen. Amen.

Die Naturschriftstellerin Rachel Carson empfiehlt eine andere Methode, mit der wir unsere Augen für die unbeachtete Schönheit und Pracht der Natur öffnen können. Sie schlägt vor, daß wir, während wir die Dinge um uns herum betrachten, uns die Frage stellen: »Was wäre, wenn ich dies alles niemals zuvor gesehen hätte? Was wäre, wenn ich es nie wieder sehen würde?«

Weitere Themenvorschläge für das Geh-Beten

– Geh-Beten mit einem Heiligen oder einem Vorbild, der oder die Sie fasziniert, z.B. Franziskus, Martin Luther King, Maria oder Mutter Teresa. Lesen Sie die Schriften dieses Menschen, informieren Sie sich über sein Leben und seine Ideale und denken Sie darüber nach, was Sie an diesem Leben oder dieser Botschaft besonders begeistert.

– Geh-Beten mit Blick auf Ihre Verantwortung als Vater oder Mutter. Nehmen Sie Ihre Kinder im Herzen mit, während Sie gehen und beten. Beten Sie darum, daß es ihnen gut ergehe, und beten Sie auch für sich, daß Sie im Umgang mit Ihren Kindern Verständnis und Geduld aufbringen.

– Geh-Bet durch Ihr Zuhause. Ein moderner Slogan verkündet: »Gott steckt im Detail.« Indem Sie Gott in allen Ecken und Winkeln Ihres Hauses preisen und beten, geben Sie Gott gerade dort die Ehre, wo Ihr Lebensmittelpunkt ist.

– Mit der Heiligen Schrift geh-beten. Wählen Sie ein Buch der Bibel aus, das Sie begeistert. Lernen Sie Teile dieses Buches auswendig, um Sie auf Ihr Geh-Bet mitnehmen zu können.

– Geh-Beten »für die Menschen«. Laufen Sie durch Ihr Stadtviertel und beten Sie für die Nachbarn auf Ihrem Weg. Sprechen
Sie etwa so: »Gott segne die Müllers, deren Kinder unsere Sied-
lung mit ihrem Lachen erfüllen; und die Meiers, deren Geschäft
in einer tiefen Krise steckt; und die Schultes, die neu in diese Gegend gezogen sind; und ...«

5

Der richtige Ort zum Geh-Beten

Das Geh-Beten – in der Form, wie wir es beschreiben – ist eine Art »aktiver Kontemplation«. Darum möchte ich an den Anfang dieses Kapitels, in dem wir uns mit dem »Wo« des Geh-Betens beschäftigen wollen, eine kurze Erklärung des Wortes *Kontemplation* stellen.

Von seinen Wortstämmen her betrachtet, bedeutet der lateinische Begriff im Grunde genommen etwa »einen Tempel errichten mit«. Genau darum geht es mir: Wo immer Sie zugleich gehen und beten, *errichten Sie einen Tempel mit* dem jeweiligen Ort. Und das trifft auf jeden Fußweg zu, sei es tief in dunklen Wäldern oder mitten auf weiten, sonnigen Feldern, in der lauten, überfüllten Innenstadt oder in der einsamen Wüste, auf den Bürgersteigen der Vorstädte oder auf dem Parkplatz einer Schule.

Ohne Zweifel werden wir in unserem Denken und Fühlen ganz und gar von unserer westlichen Mentalität beherrscht, die uns fortwährend in Beschlag nimmt. Um so notwendiger ist es, daß wir aus dem betäubenden Tumult ausbrechen, daß wir eine Zufluchtsstätte finden, an der wir unseren Geist und unsere Seele reinigen können.

Ginge es nach unserer Idealvorstellung, dann würden wir natürlich alle inmitten von Schönheit, Gelassenheit und Ruhe »einen Tempel errichten«. Viele Menschen können solch einen Ort jedoch nur mit einiger Mühe, unter Einsatz ihrer Kreativität oder sogar unter Opfern finden. Vielleicht wird es notwendig sein, daß wir zuerst endlose Kilometer von Ödland oder trostloser Steppe durchqueren, bevor wir weitere Kilometer in herrlicher Natur laufen können. Nicht anders ergeht es uns mit dem inneren Leben. David Brower nannte das einmal so: »Da draußen gibt es nicht so viel Wildnis, wie ich mir wünschen würde. Da drinnen gibt es mehr davon, als du denkst.« Und Henry David Thoreau meinte gleichermaßen äußere wie innere Orte, als er schrieb: »Wenn ich mich erholen wollte, dann suchte ich den finstersten Wald auf, den schlimmsten, undurchdringlichsten und, für den bürgerlichen Menschen, abschreckendsten Sumpf. Diesen Sumpf betrat ich als heiligen Ort – als *sanctum sanctorum*. Dort ruht die Kraft, das Mark der Natur.«

Bei unserem Geh-Beten werden wir, Sie und ich, zuweilen diese »finstersten Wälder« betreten, und zwar ganz konkret, aber auch geistig und emotional. Wenn es soweit ist, kann uns auf unserem Weg ein chinesisches Sprichwort trösten und aufmuntern: »Du kannst nur die halbe Strecke in den dunkelsten Wald hineingehen; danach kommst du auf der anderen Seite wieder heraus.« Außerdem geschieht es am häufigsten in der Wildnis, daß Gott und unser Herz miteinander ins Gespräch kommen.

Hören, was man nicht denkt

Ich halte es für eine kluge Wahrheit, daß wir zuweilen einen Ort aufsuchen sollten, wo wir unsere eigenen Gedanken hören können. Oder, wie es der Journalist Pico Iyer vor einigen Jahren in der Zeitschrift *Time* ausdrückte: »Wir müssen einen Ort aufsuchen, wo wir uns selber zuhören können, wie wir *nicht* denken.« Wir müssen den Kopf von Gedanken und Bedenken freiblasen, indem wir »fortgehen« und die Sorgen des Alltags hinter uns lassen.

Sie werden zweifellos noch da sein, wenn wir zurückkehren aus der Zeit und dem Ort, in denen wir ganz für uns sind. Auf diese Weise werden wir unser Herz öffnen für eine neue Stimme, vielleicht sogar für *die* Neue Stimme. Wenn wir horchen, wie wir selber »nicht denken«, dann haben wir gute Aussichten, die Gedanken Gottes zu vernehmen. Albert Einstein schrieb dazu: »Ich will die Gedanken Gottes kennen. Alles andere ist Kleinkram.«

Wie gewinnen wir diese Perspektive »aus den Augen Gottes«?

Haben Sie keine Hemmungen, im kleinen zu beginnen und in der Nähe Ihres Zuhauses, mit einem ganz kurzen Spaziergang. Es ist allemal besser, »nahebei und im kleinen« zu beginnen, als den Anfang überhaupt nicht zu wagen. Wie oft haben wir das Gefühl, zu versagen, bevor wir etwas auch nur angefangen haben – so daß wir den ersten Schritt gar nicht erst machen, weil wir überzeugt sind, daß unser Versuch sowieso in einem Reinfall enden wird. Oder wir nehmen an, daß wir jenen Berg dort eh nicht erklimmen können oder daß genau dieser Wanderweg über unsere Kräfte geht; also beschließen wir, überhaupt nicht zu wandern. Lassen Sie nicht zu, daß solch eine »Budgetkalkulation« Ihrer Energie Ihnen als Ausrede dient. Planen Sie Ihre Kräfte am Anfang vielmehr realistisch und bescheiden. Bei solcher Genügsamkeit wird der Erfolg später um so größer sein.

Glauben Sie mir: Genau hier in der Nähe unserer Häuser – und sogar *in* unseren Häusern! – können wir, wenn wir nur wollen, neue Wege durch die Wildnis bahnen und im Geiste echte Wegbereiter werden. Wir können aus eigener Kraft die Wege finden, die uns zu dem Einen führen, den wir suchen.

Diese Zeilen schreibe ich in einem Naturpark. Diese Umgebung schenkt mir neue Blickwinkel. Nach menschlichen Maßstäben ist es ein riesiges Gebiet. Dagegen dürfte es in der Größenordnung Gottes nur ein kleines Fleckchen Erde sein. Es gibt hier unzählige, viele Kilometer lange Wanderwege – und doch sind sie von »weit oben« betrachtet wahrscheinlich nur eine Daumenbreite lang. Jetzt im Winter liegt hier außerdem meterhoch der Schnee. Allerdings ist diese Schneemasse in den Augen Gottes sicher nur eine leichte, flockige Decke.

Und so gehe ich weiter und versuche, die Dinge aus der Perspektive Gottes zu betrachten. Dann bin nicht nur ich schwer beeindruckt von allem, was ich sehe – ich glaube, es beeindruckt auch Gott.

Wüstenerfahrung

Ich sah einmal eine feinsinnige Karikatur von einer Familie, die auf einem Kamel durch die Wüste reitet. Der Vater ruft ärgerlich: »Hört endlich auf, dauernd zu fragen, wann wir da sind! Wir sind Nomaden!«

Auch unsere Reise führt uns in die Wüste. Es ist nahezu unmöglich, über das Gebet zu sprechen, ohne die Wüste, die Wildnis oder die rabenschwarze Nacht unserer Seele zu bedenken. Die Wüste ist der ideale Ort, um jene wichtige Perspektive aus den Augen Gottes zu gewinnen. Wie jede gute, wenn auch strenge Schule hat die Wüste uns etwas beizubringen.

Freilich lernen die meisten von uns die Wüste weniger als Stätte kennen, sondern vielmehr als Erfahrung, und häufig keineswegs als positive Erfahrung oder als eine, die wir aus freiem Willen gesucht hätten. Oft, wenn auch nicht immer, empfinden wir sie gerade deshalb nicht positiv, *weil* wir sie nicht aus freiem Willen gesucht haben. Andererseits ist der Eintritt in diese Wüste häufig eine Entscheidung, die wir »zu unserem Besten« treffen müssen. Wie auch immer: Jesus selbst forderte uns unmißverständlich auf, seinem Ruf in diese Richtung sorgfältig Beachtung zu schenken: »Kommt mit an einen einsamen Ort, wo wir allein sind« (Mk 6,31). »Wie viele geistliche Führer wußte auch Jesus, wie segensreich es ist, gewisse Zeiten an einem Ort zu verbringen, an dem es keine Zerstreuung gibt«, sagt James E. Miller dazu. »Ja, er hatte es sich sogar zur Gewohnheit gemacht, regelmäßig einsame Orte aufzusuchen. Er kannte die vielversprechenden Auswirkungen. Die Einöde konzentriert unsere Aufmerksamkeit in einem Brennpunkt. Sie hilft uns, wahrzunehmen, was wir sonst übersehen würden. Sie hilft uns, das herauszukristallisieren, was wirklich von Bedeutung ist.«

Beschreibt der Begriff »Einöde« Ihre persönlichen Wüstenerfahrungen etwa nicht drastisch genug? Wie wäre es dann hiermit: trostlos, leer, verwüstet, gottverlassen, erbärmlich, ausgebrannt? Diese Eigenschaften dürften halbwegs auf die Wüsten zutreffen, in die wir durch die Wirrnisse und Launen unseres Lebens geworfen werden. Eine ganz andere Erfahrung ist es, wenn wir die Wüste mit voller Absicht als Zufluchtsort aufsuchen. In der erstgenannten Wüste geht es um das nackte Überleben; die letztere verheißt uns Wachstum und Gedeihen. Beiden gemeinsam ist, daß sie machtvolle Inbegriffe dessen sind, was Nikos Kazantzakis die »furchterregende Dreifaltigkeit« nannte: Liebe, Tod und Gott – vereint an einem Ort. Es ist die Wüste, die Oberhand über Sie gewinnt, die Ihr Innerstes nach außen stülpt, das Oberste nach unten kehrt und alles, was Ihnen Halt und Stütze gibt, auflöst. Sie lehrt uns, »was wirklich Sache ist«.

Aber zurück zu der »leichter erträglichen« Wüste! Dies ist die Wüste, die uns aus unserem eingefahrenen Selbst und monotonen Selbstmitleid herausbricht – ohne uns zu zer-brechen! –, die uns aus dem alltäglichen Trott losreißt. Es ist die Art von »lehrreicher« Wüste, über die der Jesuit Walter Burghardt eine Geschichte erzählt: »Ich werde stets jenem Psychologen dankbar sein, der vor 20 Jahren eine simulierte Konferenz unserer Ordensgemeinschaft überwachte. Er beobachtete, wie meine Mitbrüder und ich uns bei unseren Beratungen in Sackgassen verrannten, weil wir uns an den Lösungen vergangener Tage festklammerten, und stellte immer wieder die Frage: › *Wo bleibt die verrückte Idee?*‹«

Dieselbe Art »lehrreicher« Wüste legte auch Joseph Campbell jedem ans Herz, der ein kontemplatives Leben führen will. Solch ein Mensch muß diese Wüste häufig betreten, schrieb er:

> Du brauchst einen Ort oder eine bestimmte Stunde, wenn nicht sogar einen Tag, an dem du nicht weißt, was am Morgen in der Zeitung stand, an dem du nicht weißt, wer deine Freunde sind, an dem du nicht weißt, was du irgend jemandem schuldig bist, an dem du nicht weißt, was irgend jemand dir schuldig ist. Dies ist ein Ort, an dem du schlicht erfahren und vorbringen kannst, was du bist und was du sein könntest. Es ist der Ort schöpferischer Entfaltung. Am Anfang mag es scheinen, als geschähe dort nichts. Aber wenn du einen heiligen Ort hast und von ihm Gebrauch machst, dann wird zur rechten Zeit etwas geschehen.

Niemand hat treffendere Worte für dieses Phänomen gefunden – außer vielleicht dem Propheten Hosea (2,16):

> Ich selbst will dich verlocken.
> Ich will dich in die Wüste hinausführen
> und dich umwerben.

Es wird uns also empfohlen, loszuziehen und verlorenzugehen – verloren in Gott. Wie unzählige Propheten, Heilige und Mystiker vor uns ziehen wir in die Wüste – nicht, um anderen Menschen zu entfliehen, sondern um sie in Gott zu finden. Wir ziehen aus, nicht, um uns selbst zu verlieren, sondern um uns in Gott wiederzufinden. Wir ziehen aus, allein und freiwillig, weg von »der Welt«, um mit neuem Leben erfüllt und geheilt zu werden. Danach können wir jene innere Heilung in die Welt und in unsere menschlichen Beziehungen hineintragen, die wir da draußen gewonnen haben.

Das Leben eines Christen sehnt sich schließlich gleichermaßen nach Gemeinschaft und nach Einsamkeit. Wenn wir eine vernünftige Balance zwischen diesen zwei Gegensätzen finden wollen, wenn wir ein ausgereiftes, erwachsenes Verständnis vom »Christsein« entwickeln wollen, dann müssen wir erst verstehen lernen, wer wir sind, wo wir sind und warum es uns gibt. Den Beginn aller »Antworten« auf diese tiefen Fragen finden wir nur, wenn wir uns Gott und unserem eigenen Ich stellen, von Angesicht zu Angesicht. Wie sollte uns das in der Hektik unseres alltäglichen Lebens gelingen?

Oft werden wir, wie Jesus, in die Wüste »getrieben« – auch gegen unseren Willen. So kraß beschreibt schon das Markusevangelium dieses Phänomen: »Danach trieb der Geist Jesus in die Wüste« (Mk 1,12). Wörtlich bedeutet das griechische Verb sogar »er schleuderte ihn weg« oder »jagte ihn fort«. Ich glaube, dieses Wort drückt eine Erfahrung aus, die wir alle kennen: an einen Ort hingeschleudert werden, an dem man als allerletztes in der Welt sein möchte, sei es im tatsächlichen oder im übertragenen Sinn. Und doch ist es eine wesentliche Herausforderung an uns, *gerade an diesem Ort* zu lernen und zu wachsen. Der Theologe Belden C. Lane behauptete, daß häufig »der Ort uns erwählt« und nicht wir den Ort auswählen. Wie auch immer, zuweilen werden wir in solche Orte von ungeheuerlicher Kahlheit, voll Einsamkeit und Grauens gejagt, sogar an Orte, die uns jede Kontrolle über die Kräfte des Leben und des Todes zu entziehen scheinen. So brutal es auch klingen mag: zuweilen haben wir das nötig.

Denken Sie vor allem immer daran: Egal wo wir unsere Wüstenerfahrung ins Geh-Bet nehmen, es wird immer der richtige Ort sein – denn letzten Endes ist nicht der Ort entscheidend, sondern *unser Gebet*. Und gewissermaßen ist das Gebet gleichsam der Weg, den wir wohlüberlegt wählen, um in der Wüste nicht nur zu überleben, sondern auch um die Wüste zu überwinden.

Vielleicht fragen Sie sich: »Wie wird diese ›Wüste‹ oder ›Wildnis‹ wohl aussehen?« Oder, wichtiger noch, Sie haben Zweifel: »Woher soll ich wissen, welchen Weg ich nehmen muß?« Nun, es gibt eine alte Redensart: »Um herauszufinden, was vor uns liegt, fragen wir am besten die, die uns von dort entgegenkommen.« Gespräche mit anderen Menschen über ihren Aufenthalt in der Wüste und über ihre Wege hinaus sind zweifellos hilfreich. Aber wenn Sie daran glauben, dann sind die Wege bereits verzeichnet, auf einer Karte, die unser Schöpfer in unsere Herzen gelegt hat. Wenn wir unseren Herzenswegen folgen, dann gehen wir Seite an Seite mit dem Schöpfer.

Eine gute, sachlichere Alternative ist es, andere Menschen nach ihren bevorzugten Gebetsorten zu befragen. Es gibt mittlerweile auch eine Reihe von hilfreichen Publikationen und Adreßbüchern, in denen Exerzitienhäuser und christliche Bildungsstätten verzeichnet sind.[14] Hier finden Sie Adressen für den Fall, daß Sie sich längere Zeit mit Meditationen und Geh-Beten beschäftigen können und wollen.

Um noch einmal auf die »richtigen Wege« zurückzukommen: Ich erinnere mich an eine kluge Anmerkung von Thomas

Merton über unsere geistige Suche. Er sagte sinngemäß: Wenn wir uns fragen, wie wir durch unser Gebet den Weg zu Gott finden können, dann sind wir wie jemand, der am Rande eines Felds steht, auf dem frisch gefallener Schnee liegt, und sich fragt, wo der Weg sein mag, der über das Feld führt. Merton erklärte, daß wir einfach loslaufen und das Feld überqueren müssen – und danach wird dort ein Pfad sein.

Heilige Orte, heilender Boden

Tatsächlich: gehen Sie über ein Feld, über die Straße, über einen Spielplatz, einen Bauernhof oder einen Parkplatz – und danach wird dort ein Pfad sein. Sie werden Ihre eigenen Wege finden. Und es werden gute Wege sein.

Der Publizist William O'Sullivan schrieb in der Zeitschrift *Common Boundary* seine Gedanken über diese Vorstellung eines heiligen Ortes nieder:

Ein heiliger Ort muß kein Raum physischer Abgeschiedenheit sein, ebensowenig eine Stätte in der freien Natur. Es kann der Platz im Schatten einer besonders ansprechenden Skulptur von Rodin sein oder eine Museumsbank vor einem Gemälde von Georgia O'Keeffe, vor dessen Farben die Touristenmeute um uns herum verschwimmt und verhallt. Die Eingangshalle eines Wolkenkratzers kann für einen städtischen Pilger zu einer Kathedrale werden, ein Frühstückscafé um sieben Uhr in der Frühe ein Heiligtum für einen anderen.

Der Naturschriftsteller Wendell Berry vertritt die Ansicht, daß wir die Wildnis suchen, weil wir nicht anders können. Er schreibt:

»Ich glaube, daß sich ein Mann auf ganz ähnliche Weise zur Wildnis hingezogen fühlt wie zu einer Frau: Sie ist, auf ihre Weise, sein Gegenstück. Die Wildnis ist seinem Heim oder seiner Arbeit oder allem, was er je zustande bringen wird, so unähnlich wie irgend möglich.« Ich stimme dem zu. Und in diesem Buch habe ich bereits über das Geh-Beten in der Wildnis geschrieben.

Schön und gut, aber was ist mit unserem Zuhause?

Vielleicht werde ich langsam alt, aber ich genieße es, an *vertrauten* Orten herumzustreifen und jedesmal neue erstaunliche Facetten an ihnen zu entdecken, zu beobachten, wie sie – und wie ich – stets ein wenig verändert sind, wann immer ich sie betrachte oder ihnen lausche oder ihren Geruch wahrnehme. Ich habe schon viermal den Roman *Robinson Crusoe* gelesen, und doch kam er mir jedes einzelne Mal vor wie ein neues Buch. Das liegt hoffentlich nicht nur an meinem begrenztem Erinnerungsvermögen, sondern vielmehr daran, daß mein eigenes Gestrandetsein auf dieser Insel, die »Erde« heißt, und meine Gemeinschaft mit den vielen »Freitags«, mit denen ich zusammenlebe, -arbeite und -gehe, jeden Tag ein wenig anders ist.

Sooft ich die Abtei Gethsemani besuche, um Exerzitien zu halten, klettere ich denselben alten Hügel hinauf zu der Statue des heiligen Josef, der Jesus als Kind auf den Armen hat; immer besuche ich dann auch das Grab Thomas Mertons und halte Zwiesprache mit ihm und mit Gott; jedesmal gehe ich zu den großen, schwarzen Skulpturen im Wald (zumindest war dort ein Wald, bis ein heftiger Sturm vor zwei Jahren fast alle Pinien umknickte); und jedesmal kehre ich in die imponierende, schlichte, kahle Kirche ein, um in Stille oder gemeinsam mit den Mönchen zu beten. Einer dieser Mönche schrieb einmal: »Von einem Ordensmann wird nicht erwartet, daß er alle möglichen kunterbunten Kulissen benötigt. Von uns wird erwartet, daß wir eine

›innere Geographie‹ entwickeln, eine wunderschöne, innerliche Landschaft.«

Wenn ich die anderen Gebetsorte aufsuche, die mir ans Herz gewachsen sind – etwa den einen oder anderen Naturpark oder die Erzabtei Sankt Meinrad oder die Straße, in der ich mit meiner Familie lebe, oder die Stadt meiner Kindheit –, dann gehe ich ebenfalls an altgewohnte Stätten: auf den Schulhof, den Friedhof am Hügel, den alten Bauernhof. Und, beinahe wie in einem Museum, ist mir alles auf freudig-wehmütige Weise vertraut und alles auf freudig-wehmütige Weise verändert. Ich bin sicher, daß das nicht nur an meinen Heimatorten so ist, sondern auch an Ihren Lieblingsplätzen.

Belden C. Lane schreibt dazu in seinem Buch *Landscapes of the Sacred*: »Bestimmte Schauplätze erlangen den Ruf der Heiligkeit, weil sich die Menschen Geschichten darüber erzählen. ... Ausnahmslos alle heiligen Orte haben daher eine reiche Geschichte.« Und später fügt er den schon erwähnten Satz hinzu: »Ein heiliger Ort wird nicht ausgewählt, er wählt aus.« Das bedeutet aber, daß ein Ort nur soweit heilig ist, wie wir die Sprache verstehen, die er spricht. Daher kann es ebensogut ein Ort sein, der uns seit langem vertraut ist, wie auch ein Ort, der uns eben noch wildfremd und ungewohnt war. John Burroughs ging so weit, zu behaupten: »Vielleicht gehen wir nicht so oft in die Kirche wie unsere Väter, aber dafür gehen wir häufiger in die Wälder und neigen daher viel stärker als sie dazu, in den Wäldern heilige Stätten zu sehen.« Stellen wir nun zusätzlich in Rechnung, daß Burroughs 1921 starb, dann mag der moderne Statistiker oder Zyniker darauf hinweisen, daß wir heute im allgemeinen keines von beidem tun; eher könnte man die Einkaufszentren als unsere neuen Heiligtümer bezeichnen.

Wenn wir freilich voraussetzen, daß wir unsere Schwäche für äußere *Zerstreuungen* im Zaum halten müssen, um so die Tür zu einem inneren, spirituellen Leben öffnen zu können, dann ist ein Einkaufszentrum dafür sicherlich weniger geeignet, um es vorsichtig auszudrücken. Andererseits kann durchaus auch ein Einkaufszentrum ein Allerheiligstes werden, wenn wir es dazu machen. Eine Freundin von mir, die in der Krankenhausseelsorge tätig ist, geht mit Vorliebe dort geh-beten, wo sie wohnt, in einem Hochhaus. Sie versicherte mir jedoch überzeugend, daß sie – entgegen ihrer bisherigen Einschätzung – auch ein Geh-Bet in einem Einkaufszentrum weniger als unangenehme Prüfung empfindet, sondern vielmehr als positive Erfahrung. »Es hat unheimlich viel mit persönlicher Überzeugung und mit purer Willenskraft zu tun«, erzählte sie. »Kennst du die Redensart, daß Leute inmitten von wimmelnden Menschenmassen abgrundtief einsam sein können? Nun, dieses Phänomen kann man sich auch zunutze machen.«

Ein tadellos gepflegter Vorgarten kann ein ebenso inspirierender Ort des Gebets sein wie ein unkrautverwucherter, brachliegender Acker oder ein unwegsamer Wald. Ich erinnere mich an ein Zitat von Henry David Thoreau, das ungefähr so lautet: »Ich würde es vorziehen, allein auf einem Kürbis zu sitzen, statt einen samtenen Thron mit anderen teilen zu müssen.« Zugegeben, Thoreau neigt wie so häufig auch hier dazu, um eines Effektes willen zu übertreiben, und es geht ihm im Textzusammenhang darum, für den Reiz der Einsamkeit zu werben. Der Satz pointiert jedoch ebenso anschaulich mein Anliegen: Das Gewöhnliche kann in der Tat außergewöhnlich – und sogar heilig – werden, wenn wir es als solches erkennen und mit vollem Ernst so bezeichnen. Wie ich schon sagte: Die ganze Schöpfung und alles, was darin ist, ist bereit, von uns gesegnet zu werden. Sogar ein »Kürbissitz«!

Ich kenne einen Mann, der gerade da an die »Heilkraft der Natur« glaubt, wo er lebt, im eigenen Garten. Er sagt: »Es ist beinahe so, als würde dort, wo ich im Garten gerade Unkraut jäte oder pflanze, meine geistige Gesundheit aus der Erde aufsteigen und alle Seelenstörungen durch meine Füße in den Boden fließen. Durch dieses Gefühl lerne ich eine Menge über Orte und Abläufe – weniger über Endergebnisse. Das ist sehr wichtig für mich.«

Gut, konzentrieren wir uns auf die *Orte*. Ich möchte Ihnen eine Liste von »besonders erprobten und gesegneten Orten für das Geh-Beten« anbieten. Sicher ist Ihnen inzwischen selbst schon unwillkürlich der eine oder andere Platz eingefallen, aber auch andere sind es durchaus wert, Beachtung zu finden. Schließlich ist das Geh-Beten eine einfache Übung, die so gut wie überall stattfinden kann, am Urlaubsort, auf Geschäftsreisen, in der Universität oder am Arbeitsplatz, nahe Zuhause oder in der Ferne. Und jeder heilige Ort verfügt entlang des Wegs über ureigene Wahrzeichen und Raststätten. Sie müssen nur Ausschau danach halten:

- ein Stadtpark
- das eigene Stadtviertel
- der Golfplatz
- ein Schulhof
- ein Friedhof
- der Zoo
- ein Parkplatz
- ein Einkaufszentrum
- die Spur hinter dem Rasenmäher
- einsame Landstraßen
- ein Alters- oder Pflegeheim
- die Flure eines Krankenhauses
- ein Fluß- oder Bachufer
- ein seichter Flußlauf

- Kirchen
- Almwiesen
- die Fußgängerzone der Innenstadt
- eine Kuhweide
- die Aschenbahn eines Sportplatzes
- die Zimmer Ihres Hauses
- das Büro
- ein Hotelzimmer
- der Strafraum eines Fußballplatzes
- ein Küstenwanderweg
- der Strand
- der Wald
- die Wartehalle des Flughafens
- eine Wohnsiedlung
- die Wüste
- ein Panoramaweg
- der Spielplatz
- ein Weizenfeld
- der eigene Garten
- ein Museum
- ein Fitneßzentrum oder eine Turnhalle
- gleich dort, wo Sie gerade sind!

Zum Abschluß unserer Überlegungen über die richtigen Orte zum Geh-Beten möchte ich Ihnen etwas Besonderes empfehlen: Probieren Sie von Zeit zu Zeit einen »Huckleberry«-Ausflug. Die Idee stammt von Valerie Bell aus ihrem Buch *Getting Out of Your Kids' Faces and into Their Hearts:*

Probieren Sie einen Huckleberry-Tag. Die ganze Familie setzt sich ins Auto, doch diesmal darf eines der Kinder entscheiden, wohin die Fahrt gehen soll, wofür die Reisekasse ausgegeben wird und wo, wenn überhaupt, die Familie essen geht. Das ganze Unternehmen ist nicht anders, als steige man mit Huckleberry Finn auf ein Floß und ließe sich auf das Abenteuer des Flusses ein. Ursprünglich dachte ich lediglich, daß ich auf diese Weise einem Kind für einen Tag ein Gefühl von Macht vermitteln könnte. Da hatte ich noch nicht erkannt, wieviel ich so über die Vorlieben und Abneigungen meiner Kinder lernen konnte, oder welche Abenteuer wir erleben würden, wenn meine Kinder das Sagen haben.

Dieselbe Erfahrung verspricht Ihnen auch ein »Huckleberry-Geh-Bet«. Lassen Sie sich ab und zu von Ihrem Herzen und Ihrer Seele sagen, wohin der Weg führt ... was Sie beten ... wo Sie Pause machen ... ob Sie Pause machen ... was Sie mitnehmen ... wen Sie mitnehmen ... wie lange Sie unterwegs sein werden. Lassen Sie sich auf das »Abenteuer des Flusses« ein.

6

Die richtigen Weggefährten
für das Geh-Beten

Thích Nhât Hanh[15] zieht einen Vergleich zwischen dem meditativen Gehen alleine und einem Gehen in Begleitung eines geliebten oder befreundeten Menschen:

> Hier ist es Herbst, und die goldenen Blätter, die eins ums andere zu Boden fallen, sind wirklich wunderschön. Ich gehe für zehn Minuten im Wald spazieren, achte auf meinen Atem, bleibe achtsam und fühle mich erfrischt und wie neu. So kann ich wirklich mit jedem einzelnen Blatt Zwiegespräche halten.

Anschließend versichert Nhât Hanh, daß die innere Haltung der Achtsamkeit leichter fällt, wenn man alleine einen Feldweg entlanggeht. Wenn man allerdings einen Freund zur Seite hat, der nicht redet, sondern gleichfalls schweigsam auf seinen Atem achtgibt, dann kann man ebenfalls durchaus in Achtsamkeit verharren.

> Wenn der Freund neben uns jedoch anfängt zu reden, wird es ein wenig schwieriger. Wenn ihr jetzt im Geiste denkt: »Oh, wenn doch dieser Mensch nur aufhören würde zu reden, damit ich mich konzentrieren kann«, dann habt ihr eure

Achtsamkeit schon verloren. ... Unter solchen Umständen zu üben ist schwieriger als allein, wenn ihr aber mit der Übung fortfahrt, werdet ihr die Fähigkeit zu weit größerer Konzentration entwickeln. In einem vietnamesischen Volkslied lautet eine Zeile: »Am schwersten ist die Übung zu Hause, dann in der Menge und dann in der Pagode.« Nur in einer aktiven und anstrengenden Situation wird Achtsamkeit zu einer echten Herausforderung!

Als Vater von drei Kindern und Besitzer eines Hundes kann ich Ihnen verraten, wie Ihnen »fortgeschrittenes« Geh-Beten ganz bestimmt *nicht* gelingt: nämlich wenn Sie jedermann, einschließlich des Hundes, im Schlepptau haben. Daß die Übung zu Hause am schwersten ist, bedeutet andererseits noch lange nicht, daß wir vor dieser Herausforderung kneifen sollen. Vielmehr glaube ich, daß wir Platz in unserem Leben schaffen sollten sowohl für das Gebet (und das Geh-Beten) in der Gemeinschaft, etwa mit der Familie, wie auch für privates Gebet (und Geh-Beten). Ein besonnenes Geh-Beten mit einem Partner kann eine echte Bereicherung sein. Dabei sollte uns die Frage des Propheten Amos jedoch eine Mahnung sein: »Gehen zwei den gleichen Weg, ohne daß sie sich verabredet haben?« (Am 3,3)

Als mein Sohn Michael, der heute sechzehn ist, noch ein kleiner Junge von vielleicht drei oder vier Jahren war, unternahm ich mit ihm ein paar Geh-Bete, die so angenehm waren, wie man es sich nur wünschen kann. Damals wanderten wir beide oft zu einer alten Tabakscheune. Was mir von diesen phantastischen, unkomplizierten Streifzügen am lebhaftesten im Gedächtnis geblieben ist, war sein trockener Hinweis, wenn wir über die abgeernteten Stoppelfelder gingen: »Papa, hier draußen ist es wirklich holprig!«

Tatsächlich: unser Weg, wie das Leben selbst, ist manchmal reichlich »holprig«, ganz egal, ob wir nun alleine laufen, mit einem Partner oder in einer ganzen Gruppe. Natürlich hat der Weg viele glatte und ebene Etappen, ebenso aber auch viele steinige und steile, halt »holprige«. Immer, so scheint es, windet er sich in zahlreichen Kurven. Trotz alledem gingen wir beide, der kleine Michael und ich, in liebevoller Einmütigkeit weiter und freuten uns gemeinsam über die wildwachsenden Brombeeren, die vorbeischießenden Kaninchen, den Windhauch, das Unkraut, die Felsen und die Bäume.

Heute ist meine Ehefrau Mikie mein liebster Weggefährte. Wir wissen beide, wie mühsam es ist, den Alltag unterwegs hinter sich zu lassen und für kurze Zeit nicht über die fällige Autoreparatur zu sprechen oder über die Einkaufsliste oder darüber, wie unser kleiner Patrick auch schon erwachsen wird. Immerhin ist uns beiden klar, daß es nur wenige Gesprächsthemen wirklich »tabu« sind, wenn man mit einem Geh-Bet unterwegs ist. Besser noch, wir haben gelernt, was Ordensleute längst wissen: daß gemeinsames Schweigen ausgesprochen gut und heilig sein kann. Das gegenseitige Dasein für den anderen allein ist ein wertvolles Geschenk, wie nicht nur Mönche wohl wissen, sondern auch gute Freunde und Ehepaare.

Mikie mag mein liebster Weggefährte beim Geh-Beten sein, viel häufiger jedoch begleitet mich unser schwarzer Labrador Cala. Labradors wird nachgesagt, daß sie dazu neigen, schnell zu verfetten, wenn sie nicht genügend Auslauf haben. Vielleicht ist das eine negative Eigenschaft dieser Hunderasse, die Konsequenz für uns Hundehalter ist jedoch durchaus positiv: Die Tatsache, daß Cala viel Bewegung braucht, liefert meiner Frau, unseren Kindern und mir nämlich eine unanfechtbare Entschuldigung, um unseren anderen dringenden Pflichten von Zeit zu Zeit kurzfristig zu entgehen, oder auch eine Ausrede, warum wir kein eigenes Fitneßtraining brauchen.

Wie viele von Ihnen wahrscheinlich lange vor mir herausgefunden haben, ist es eine absolut sinnvolle Übung, mit dem Hund zu geh-beten. Ein Hund kann ein extrem angenehmer Weggefährte sein. Schon allein das Beobachten seines Verhaltens, wenn er mit uns durch die Wiesen streift, verspricht uns tiefgründige spirituelle Einsichten, denn ein Tier hat die Fähigkeit, vollends im Hier und Jetzt zu leben. Irgendein Philosoph drückte es einmal so aus: Ein Schwein weiß nichts davon, daß Schweine sterben müssen. Nun, vielleicht aber ahnt ein Schwein etwas, was wir Menschen nicht wissen oder dem wir nicht recht trauen: daß Menschen nicht sterben, sondern verwandelt werden. Außerdem können wir von Hunden lernen, daß Anblicke, Geräusche und Gerüche in unserem Leben eine größere Rolle spielen, als wir ihnen oft zugestehen. Ich glaube, wir müssen uns zuweilen »tiefer zu Boden bücken«, bevor wir aufblicken und wahrnehmen können, welche Wunder sich direkt vor unserer Nase abspielen. Annie Dillard beschrieb dies in ihrem Buch *Pilgrim at Tinker Creek* so:

Wir haben keine Ahnung, was hier geschieht. ... Unser Leben ist eine blasse Durchschrift auf der Oberfläche des Mysteriums, wie die krummen Gräben von Insektenlarven im Gewebe eines Blattes. Irgendwie müssen wir unser Blickfeld weiten, auf die gesamte Landschaft schauen, sie wirklich wahrnehmen und beschreiben, was hier geschieht. Dann können wir wenigstens die richtige Frage in die umhüllenden Schwaden der Finsternis jammern oder, wenn es soweit kommt, den angemessenen Lobpreis singen.

Im selben Buch gibt es ein wundervolles Kapitel mit der Überschrift »Auf der Pirsch«. Thema dieses Kapitels ist, wie man Dinge wahrhaftig sieht, wie man ernsthaft danach drängt, die Dinge zu sehen, als sei es zum ersten Mal. Frau Dillard schreibt: »Allein schon der Versuch, Fische zu sehen, macht es nahezu unmöglich, sie zu sehen.« Oder später: »Ich finde es schwierig, irgend etwas an einem Vogel zu sehen, was der Vogel verbergen will.« Ihr Ratschlag für eine erfolgreiche Pirsch lautet: »Bleib häufig stehen und sei ständig auf alles vorbereitet.« Das erinnert mich an eine Bemerkung von Henry David Thoreau: »Ich habe im Laufe meines Lebens nur eine oder zwei Personen getroffen, die die Kunst des Gehens beherrschten, ... die sozusagen die besondere Begabung hatten, zu schlendern.«

Ein weiterer »widersprüchlicher« Ratschlag, meinen Sie? Er ist eigentlich nicht widersprüchlich, nur paradox. Es ist wirklich wichtig, daß wir auch hier die »goldene Mitte« finden. Rennen Sie nicht kopflos daher, aber verharren Sie auch nicht zu lange im Leerlauf. Gehen Sie in der Regel alleine; aber nehmen Sie jemanden – oder etwas – mit, wenn Ihnen danach zumute ist.

Tief in uns wissen wir, daß die »heroische Reise« niemals wirklich *einsam* sein kann. Wenn wir unsere Reise im übertragenen Sinn meinen, etwa als spirituelle Suche, dann ist es häufig ein Fehler, alleine zu reisen. (Meinen wir die Reise im wörtlichen Sinn, dann ist es oft sinnvoll und fruchtbar, sie alleine zu unternehmen.) Sam Keen schreibt dazu:

Die Vorstellung, daß sie [die heroische Reise] von einem einzelnen unternommen werden muß, paßt nahtlos in die moderne Ideologie des Individualismus. Aber das ist eine ausgesprochen gefährliche Halbwahrheit, die nur für die erste Phase der spirituellen Reise zutrifft, in der wir die Illusio nen der Psyche und unsere autobiographische Wahrheit erkunden. Wer versucht, allein zu reisen, wird am Ende isoliert und entfremdet sein und allen möglichen Formen des Wahnsinns anheimfallen.

Keen warnt uns, daß wir auf *Gemeinschaft,* auf *Beziehungen* angewiesen sind. Und wir können nicht umhin, diese Beziehungen mit uns zu nehmen, wenn wir gehen, sei es auch lediglich im Herzen, im Geiste und in der Seele.

Geh-Beten mit dem »Kind in uns«

Es gibt noch eine andere »Person«, die Sie gerne beim Geh-Beten begleiten wird, und das ist *das Kind in Ihnen.* Ich weiß wohl, daß schon viel über diese geheimnisvolle, wichtige Person geschrieben wurde. Soweit ich überblicke, gibt es jedoch nur wenig Gedrucktes darüber, was Sie mit dem Kind in Ihnen reden können, und noch viel weniger über das »Spazierengehen und Beten mit dem Kind in Ihnen«. Lassen Sie es uns also hier und jetzt versuchen. Es ist mir wohl bewußt, daß Sie viel Phantasie und Vorstellungskraft benötigen, um das Folgende nachvollziehen zu können, aber ich bin sicher, daß Sie eine unglaublich fruchtbare Erfahrung machen werden, wenn Sie sich darauf einlassen. Daher schlage ich Ihnen diese Übung vor:

Während Sie dahergehen, seien Sie zunächst ganz Sie selbst: menschlich, verletzlich, fehlerhaft, unvollkommen. Lassen Sie zugleich jene wunderbare, liebevolle, fürsorgliche Person aufleben, die Sie im Innersten sind (oder sein könnten!). Jetzt kommt der existentielle Sprung: Seien Sie zusätzlich der »kleine Junge Thomas« oder das »kleine Mädchen Claudia«, die *Sie früher als*

Kind waren, voller Sehnsucht nach Liebe, Beachtung, Anerkennung, Beistand, Trost, Ermutigung und körperlicher Nähe. Während Sie weitergehen, sind Sie also abwechselnd Ihr »kindliches Ich« *und* Ihr »erwachsenes Ich«. Was wird das »erwachsene Ich« wohl tun? Es wird sich bemühen, genau die Person zu sein, die das »kindliche Ich« dringend braucht, also genau der »Vater« oder die »Mutter«, die »Kindergartenfrau«, der »Lehrer«, der »Pfarrer«, der »Arzt«, die »Oma«, die »große Schwester« oder der »kleine Bruder«. Ja, ich schreibe mit voller Absicht *braucht* und nicht *brauchte*.

Während Sie immer weitergehen, leiten Sie jenes vielversprechende kleine Kind, umarmen Sie es, spielen Sie mit ihm, unterrichten Sie es, geben Sie ihm Nahrung, schweigen Sie gemeinsam mit ihm ... – nehmen Sie es mit auf einen Spaziergang! O ja, das kann durchaus bedeuten, daß all die verstaubten Erinnerungen aus den Tagen Ihrer Kindheit wieder ans Tageslicht kommen, die Sie so viele Jahre vergraben hatten. Aber ganz bestimmt werden Sie unter dem Staub der Vergangenheit auch ein wenig ursprünglichen Glanz finden oder erwecken können! Es ist eine traurige Wahrheit, daß in der Erziehung der meisten von uns vor allem auf das rechte *Benehmen* Wert gelegt wurde und weniger auf die rechte *Entfaltung*. Dies nun kann eine Übung in der *Entfaltung* sein.

Vor vielen Jahren wurde ich durch solch einen Dialog mit dem »Kind in mir« von einer Gebetserfahrung buchstäblich überwältigt. Es geschah in einer Phase, in der ich orientierungslos war und mich vom Leben regelrecht durchgeprügelt fühlte. Damals führte ich ein »Gespräch mit Gott«, dessen Heftigkeit geradezu beängstigend war. Zuvor hatte ich die außergewöhnliche Erfolgsstory einer Unternehmerin gelesen, die Grußkarten gestaltete und verkaufte. Ihr Geheimnis lag ganz einfach darin, daß sie auf die Karten genau das schrieb, *was sie in bestimmten Lebenssituationen leidenschaftlich gerne von anderen Menschen gehört hätte*, etwa zum Tod ihres Vaters, als sie arbeitslos wurde, nach ihrer Scheidung oder während einer langen Krankheit. Die Geschäftsfrau schrieb: »Manchmal sehnst du dich nur danach, daß jemand die richtigen Worte für dich findet.«

Ich wollte bei meinem Gebet seinerzeit noch einen Schritt weiter gehen und beschloß, Gott »die richtigen Worte für mich finden zu lassen«, d.h. die Worte, die ich von Gott gerne hören wollte. Es wird Sie nicht überraschen, welche Worte das waren: Ich ließ mir von Gott versichern, daß ich geliebt würde, daß ich großartig sei, daß ich wunderbar sei, daß meine körperlichen Schwächen belanglos seien (welche körperlichen Schwächen überhaupt?) und daß alles gut werden würde, daß ich in Ordnung sei. Was soll ich sagen: *Es funktionierte!* Weniger aufgrund der einzelnen Worte, die Gott zu mir »sprach«, sondern vielmehr weil ich die Botschaft vernahm, die Gott damals wie heute an mich und an uns alle richtet und die wir laut und deutlich hören sollen, in Glück und in Trauer, in guten Zeiten und in schlechten, in Gesundheit und Krankheit, zur Geburt und in der Todesstunde und zu allen Zeiten dazwischen und danach: »*Du bist geliebt!*«

Während Sie also gehen, gehen Sie mit Gott (oder, wenn es Ihnen leichter fällt, mit Jesus, dem wahren Gott und wahren Menschen) und sprechen Sie mit Ihrem Weggefährten über Ihre verborgensten Bedürfnisse und Sehnsüchte. Und dann *horchen Sie hin*, lauschen Sie auf die Gedanken, die Ihnen in den Sinn kommen, wenn Gott Ihnen antwortet.

Geh-Beten mit »unserem wahren Ich«

Wir haben uns in diesem Buch bereits Gedanken darüber gemacht, wie wir beim Geh-Beten alle Teile unseres »falschen Ichs«
hinter uns lassen können. Das läßt uns mit unserem »wahren
Ich« allein zurück. Und wer ist das?

Wie oft täuschen wir uns selbst über den Menschen, der wir
nach dem Plan Gottes sein sollten, oder verfehlen ihn ganz! Es
wird uns ja auch so leicht gemacht, an diesem Ziel vorbeizu-
schießen, denn auf jedem von uns lastet Druck von allen Seiten,
diese oder jene Person zu »sein«: Sei der brave Junge deiner Eltern, auch wenn du schon dreißig bist; sei deinem Ehemann eine
Mutter, auch wenn du seine Partnerin sein solltest; sei ein Mann
und unterdrücke deine Tränen, auch wenn man dich böse verletzt hat; sei ständig ein frommer Priester, weil du eben ein Priester bist; sei ein allgegenwärtiger Schutzengel für deinen kleinen
Bruder, denn er braucht das. Es ist manchmal ausgesprochen
schwierig, unser wahres Selbst von dem Selbst abzugrenzen, das
andere Menschen in uns sehen. Es ist verführerisch einfach, die
Grenzen zu verwischen, wie moderne Psychologen es ausdrücken, jene Grenzen, an denen wir die Gewißheit verlieren, wo
»wir« aufhören und »jemand anderes« beginnt – besonders jemand, den wir lieben.

Wenn Sie »mit Ihrem wahren Ich« geh-beten wollen, bietet
sich die Frage Jesu, »Für wen halten die Leute mich?«, als Meditation an. Indem Sie sich in diese Frage versenken, erhalten Sie
Gelegenheit, über die unterschiedlichen Erwartungen an Ihre
Person zu reflektieren, Klarheit zu gewinnen, zu beten – vor allem
über die einzige Erwartung, auf die es wirklich ankommt: Was erwartet Gott von mir? Viele von uns beten schon viel zu lange

darum, daß Gott uns jemand »sein« oder »werden« lassen möge, der wir nach dem Plan Gottes gar nicht sein oder werden sollen. Viel zu oft wünschen wir, Gott möge uns zu einem anderen Menschen machen. Beim Geh-Beten können wir still werden und aufrichtig herauszufinden versuchen, wer diese Person ist, als die uns Gott geschaffen hat. Wir werden gesegnet, wir werden Heilige, wenn wir zu unserem »wahren Ich« werden. Alle Heiligen erlangten die Heiligkeit gerade deswegen, weil sie ihre wahre Natur lebten, eben jenes besondere menschliche Sein, mit dem Gott sie gesegnet hat.

Zweifellos: wir müssen uns *ändern*, wie jeder gute Heilige erfahren hat. Von John Henry Kardinal Newman stammt ein Weisheitsspruch, den man ein wenig so abändern könnte: »Zu lieben bedeutet, sich zu ändern; leidenschaftlich zu lieben bedeutet, sich gründlich zu ändern.«

Hand in Hand mit Gott gehen

Um dieses mystische Motiv weiter auszuführen, muß ich wohl kaum darauf hinweisen, daß wir *Gott* und alles, was wir über unseren Gott glauben, bei unserem Geh-Beten mitnehmen müssen.

Lassen Sie sich von Gott begleiten, der Ihr Vater ist und Ihre Mutter. Lassen Sie sich von Gott begleiten, Ihrem Schutzherrn. Lassen Sie sich von Gott begleiten, Ihrem Geliebten. Lassen Sie sich von Gott begleiten, Ihrem Guten Hirten. Lassen Sie sich von Gott begleiten, Ihrem wohlwollenden Herrn und Meister. Wenn Sie geh-beten, nehmen Sie Gott mit, das kleine, suchende, staunende Kind. Stellen Sie sich Gott an Ihre Seite, den Pfleger, den Arzt, den Therapeuten, den Lehrer. Lassen Sie sich von Gott das Geleit geben, dem Friedensfürst, dem wunderbaren Ratgeber, dem Befreier. Nehmen Sie Gott mit, Ihre Schwester und Ihren Bruder. Gehen Sie Hand in Hand mit Gott, Ihrem Erlöser und Heiland.

Nehmen Sie Gott mit auf die Reise, Ihren Freund.

Im *Gotteslob*, dem katholischen Gebet- und Gesangbuch der deutschen und österreichischen Bistümer, und im *Evangelischen Gesangbuch* steht ein Lied, das dieses Gefühl des Vertrauens und der Zuneigung zu unserem Gott hervorragend ausdrückt. Dieses Lied lehnt sich an den Psalm 91 an, der seinerseits ein wunderschönes Bekenntnis der Zuversicht ist. Der Psalmist beschreibt bildhaft seine Lebenserfahrung, wie er von Gott in verschiedenen gefährlichen Situationen behütet und bewahrt worden ist. Diese uralten Worte können für uns heute so aktuell sein wie für die Menschen damals, denn Gottes Segenszusage ist ja ganz genauso aktuell:

Wer unterm Schutz des Höchsten steht,
im Schatten des Allmächt'gen geht,
wer auf die Hand des Vaters schaut,
sich seiner Obhut anvertraut,
der spricht zum Herrn voll Zuversicht:
»Du meine Hoffnung und mein Licht,
mein Hort, mein lieber Herr und Gott,
dem ich will trauen in der Not.«

Er weiß, daß Gottes Hand ihn hält,
wo immer ihn Gefahr umstellt;
kein Unheil, das im Finstern schleicht,
kein nächtlich Grauen ihn erreicht.
Denn seinen Engeln Gott befahl,
zu hüten seine Wege all,

daß nicht sein Fuß an einen Stein
anstoße und verletzt mög sein.

Denn dies hat Gott uns zugesagt:
Wer an mich glaubt, sei unverzagt,
weil jeder meinen Schutz erfährt;
und wer mich anruft, wird erhört.
Ich will mich zeigen als sein Gott,
ich bin ihm nah in jeder Not;
des Lebens Fülle ist sein Teil,
und schauen wird er einst mein Heil.

Nein, Sie müssen die »heroische Reise« nicht alleine machen. Es ist keine restlos einsame Reise.

Die Ausrüstung für unterwegs

Ein Wort noch zu der Ausrüstung mit eher »irdischem« oder »praktischem« Charakter, die Sie auf Ihrer Reise vielleicht benötigen.

Was – wenn überhaupt – nehme ich selbst mit, wenn ich geh-bete? Oder, wie ich einmal gefragt wurde: »Was nehmen Sie *unter keinen Umständen* mit?« Früher führte ich oft einen Stift und Papier bei mir, um unterwegs irgend welche »brillanten« Einfälle und Geistesblitze notieren zu können. Heute lasse ich diese Dinge mit Absicht zu Hause – denn ich habe festgestellt, daß ich mich sonst geradezu *verpflichtet* fühle, auch wirklich unbedingt »brillant« zu sein. Darum verlasse ich mich heute lieber darauf, daß die Natur und Gott brillant sind, und beide sind, was das betrifft, wesentlich zuverlässiger als ich! Meine Ausrüstung setzt sich vielmehr aus immateriellen Dingen zusammen: Erinnerungen, ein Lied oder eine Wehklage in meinem Herzen, Träume, geliebte Menschen, egal ob lebend oder verstorben.

Der praktisch veranlagte Teil von uns wird trotzdem nicht lockerlassen: »Gibt es nicht doch irgend etwas, das ich mitnehmen sollte?« Nun, für manche könnte dies ein Wanderstab sein, für andere ein Taschenradio oder Walkman mit der eigenen Lieblingsmusik, sei es Gregorianik, Mozart oder Elton John, wieder für andere eine geistliche Schrift oder persönliche Aufzeichnungen. Schließlich brauchen manche Menschen unterwegs einen Freund oder ein Kind oder ein Haustier an ihrer Seite, vielleicht auch ein Getränk oder einen Imbiß. Alle benötigen wir die Kleider auf unserem Leib und die Schuhe an unseren Füßen.

Glauben Sie an Engel? Dann werden Sie sicher irgendwann Ihren Schutzengel einladen wollen, Sie zu begleiten. Vielleicht möchten Sie dann unterwegs die Worte dieses alten keltischen Gebets sprechen:

Du Engel Gottes, in dessen Obhut ich stehe, ...
sei du die helle Flamme vor mir,
sei du der Leitstern über mir,
sei du der ebene Pfad unter mir,
und sei du der wachsame Hirte hinter mir,
am heutigen Tag, in der Nacht und allezeit.

7

Erkennungszeichen für
»echtes« Geh-Beten

Die amerikanische Ordensschwester und bekannte Exerziti-
enmeisterin Jose Hobday erzählt folgende Erinnerung aus
ihrer Kindheit:

> Meine Mutter nahm mich öfters mit zum Geh-Beten. Sie
> sagte dann zu mir: »Wir wollen nicht reden. Wir wollen ein-
> fach laufen und schauen und Gott für alles Schöne danken.
> Laß uns darüber nachdenken, wie lieb Gott uns hat.« Mein
> Vater, der sich lieber an die traditionellen Gebetsformeln
> hielt, schüttelte skeptisch den Kopf über diese Art zu beten.
> Eines Tages fragte er meine Mutter: »Woher willst du wissen,
> ob sie tatsächlich betet, wenn du mir ihr diese Spaziergänge
> machst?« Meine Mutter antwortete: »Und woher willst du
> wissen, daß sie es nicht tut?«

Schon das Gehen für sich, gar nicht erst zu sprechen vom Geh-
Beten, verspricht uns eine Menge fundamentaler Vorteile. Der
Philosoph Søren Kierkegaard schrieb dazu:

> Vor allem verliere niemals dein Verlangen, zu gehen. Jeden
> Tag versetze ich mich selbst beim Gehen in einen Zustand
> des Wohlbefindens und gehe zugleich weg von allem Krank-

haften. Ich bin in meine besten Gedanken geradezu hinein-
gelaufen, und ich kenne keinen Gedanken, der so be-
drückend wäre, daß man nicht von ihm fortgehen könnte.

Diesen weisen Ratschlag Kierkegaards möchte ich um einen
Aspekt ergänzen: Sicherlich kann ein Mensch, der an nichts
glaubt, meditieren – aber kann solch ein Mensch auch beten?
Das kann ich mir nicht vorstellen. Darum möchte ich Ihnen vier
verläßliche Erkennungszeichen – Kriterien, wenn Sie so wollen –
für »authentisches« Geh-Beten an die Hand geben, das heißt, für
eine Gehmeditation, die wirklich ein Gebet ist.

Sie wissen, daß Sie wirklich geh-beten, wenn Liebe Sie durchdringt

Woran erkenne ich, ob ich tatsächlich geh-bete? Diese Frage ist
ebenso kurios wie die Frage »Woran erkenne ich, ob ich verliebt
bin?« Wenn Sie die Antwort »nachschlagen« müssen, wenn Sie
womöglich einen Zehn-Punkte-Katalog abhaken, um zu einem
Ergebnis zu kommen, dann stimmt wahrscheinlich mit der Frage
etwas nicht. Natürlich gibt es in der Liebe zwischen zwei Menschen einen Zeitpunkt, an dem sie anfängt, an dem man sozusagen in den Zustand des Verliebtseins gerät. Aber die Frage nach
authentischem Geh-Beten ist so skurril, wie das eigene Herz zu
befragen: »Woran erkenne ich, ob ich Gott suche?« Man weiß es
ganz einfach! Es bekümmert mich jedesmal, wenn Menschen vor
ihrer Hochzeit Zweifel hegen, ob sie den Schritt wirklich wagen
sollen. Als hoffnungsloser Romantiker finde ich, daß es für solche
Bedenken keinen Raum geben dürfte. Natürlich kann ich die
Nervosität vor einer Trauung nachempfinden, aber zwischen

zwei Brautleuten dürfte es keine nennenswerte Skepsis über die eheliche Beziehung an sich geben.

Vor vielen hundert Jahren beschrieb Benedikt von Nursia im Vorwort seiner Ordensregel, wie der geistliche Sinn-Suchende »in Fahrt kommt«. Die Art, wie der Heilige diese Sehnsucht und ihre Erfüllung schildert, gefällt mir außerordentlich gut: »Wer aber im religiösen Leben und im Glauben voranschreitet, dem weitet sich das Herz, und mit der unsagbaren Freude der Liebe eilt er voran auf dem Weg der Gebote Gottes.« Moderne Ärzte reagieren sicher mit Entsetzen auf die Rede vom »geweiteten Herz«, Ihnen als spirituell Interessierten sollte der Sinn der Worte jedoch einsichtig sein: Wenn wir die geistliche Dimension unseres Seins in Gang bringen, dann weitet sich das Herz im besten Sinne des Wortes. Unser Leben und unsere Liebe sprengen die alten Grenzen. Wir gewinnen ein tieferes Verständnis unserer Liebe zu Gott, aber auch von Gottes Liebe zu uns. Und in dieser Zuversicht eilen wir voran!

Bei unserer geistlichen Sinnsuche geht es in jeder Hinsicht um Beziehung. Wir suchen auf dieser Reise nach Liebe, der reinen Liebe. Wir wollen sicher sein, daß wir *geborgen* sind, daß wir geliebt werden und daß wir lieben. Dabei ist unser Gegenüber natürlich die Schöpfung und der Schöpfer. Die Pforte zu diesem guten Gebet, diesem heilvollen Kontakt mit dem Göttlichen, finden wir, wenn wir eine harmonische Balance zwischen Hingabe und Verantwortung halten. Wie energisch sollten wir uns anstrengen, um diese Beziehung zu verbessern? Und wieviel Anstrengung sollten wir daransetzen, daß wir uns zurückhalten und *die Beziehung von selbst entwickeln lassen*? Dieser letztere Anspruch kostet viele Liebende die meiste Kraft überhaupt. Ganz wie in unseren zwischenmenschlichen Beziehungen, möchten wir zuweilen härter »an unserer Liebe arbeiten«, als nötig ist.

Sie geh-beten tatsächlich, wenn Sie gehen, ohne daß Ihre Gedanken um die Ankunft kreisen. Thích Nhât Hanh[16] leitet sein
Buch *A Guide to Walking Meditation* mit diesem klugen Hinweis
ein: »Das Bestreben der Gehmeditation ist die Gehmeditation
selbst. Gehen ist wichtig, nicht Ankommen.« Im Grunde genommen warnt er uns, daß wir die Reise versäumen, wenn wir
immer nur über unseren Zielort nachgrübeln und nicht über
den Weg dorthin. Annie Dillard drückte denselben Gedanken in
ihrem provokanten Buch *Pilgrim at Tinker Creek* etwas anders
aus: Wir »erwachen auf unserem Sterbebett« und wundern uns,
warum wir niemals wirklich gelebt haben. Wir haben sie vergeudet, unsere Jahre, unsere Monate, unsere Tage, unsere Stunden, ja
sogar die Schritte unseres täglichen Laufs in und durch das Leben.

Sie wissen, daß Sie wirklich geh-beten, wenn die Zeit stillsteht

Letztlich spüren Sie, daß Sie wirklich geh-beten, wenn Sie jenen
friedlichen, heiligen Ort finden, über den wir in einem früheren
Kapitel bereits nachgedacht haben: jenen »Ort«, an dem die Zeit
stillzustehen scheint. Man nennt diesen Ort »Hier und Jetzt«.
Die Bhagavadgita, ein altindischer hinduistischer Gesang, versichert: »Wessen Herz und Geist ruhelos sind, der ist ohne Weisheit
und ohne Kraft zur Kontemplation; wer sich nicht in Reflexion
übt, der hat keine Gelassenheit. Wie könnte jemand, der keine
Gelassenheit hat, Glückseligkeit erringen?«

Wenn Sie geh-beten, brüten Sie daher nicht darüber, ob Sie
in einen Hinterhalt geraten könnten; fürchten Sie nicht, daß bei
Ihrem nächsten Schritt eine Mine explodieren könnte; sorgen
Sie sich nicht darum, welche Gefahren hinter der nächsten Kurve

auf Sie lauern könnten. Seien Sie mit Leib und Seele im Hier und Jetzt. Denn das Hier und Jetzt ist gut, und es ist genug.

Kennen Sie den Film *Alexis Sorbas?* Dort sagt die Hauptperson Sorbas in einer dramatischen, aufschlußreichen Szene:

Ich habe aufgehört, dauernd darüber nachzugrübeln, was gestern passiert ist. Und ich habe aufgehört, mich ständig zu fragen, was wohl morgen passieren wird. Was heute passiert, in dieser Minute, das ist es, was mir am Herzen liegt. Ich frage: »Was tust du im Moment, Sorbas?« »Ich küsse eine Frau.« »Aha, dann küsse sie richtig, Sorbas, und vergiß alles andere, während du damit beschäftigt bist. Es gibt nichts anderes auf der Welt, nur dich und diese Frau.«

Aber gibt es denn keinen Rat für diejenigen von uns, die sich mit dem Hier und Jetzt nicht zufriedengeben können, sondern das Erlebnis hinterher »einpacken« wollen, es sozusagen für künftige Gelegenheiten »einlagern«? Denn es ist ja durchaus richtig: So wie ein Konditionstraining uns fit macht und kräftigt, damit wir immer höhere und steilere Berge bezwingen können, so ähnlich kann auch das Geh-Beten wirken. Es stärkt unsere inneren »Verteidigungslinien«, damit sie für die häufigen, stürmischen Attacken des Lebens gewappnet sind, eben für jene Zeiten, in denen unsere Lebensgeister wahrhaftig gefordert sind.

Für die japanische Ausgabe seines Buches *New Seeds of Contemplation* schrieb Thomas Merton 1965 ein neues Vorwort, in dem er sich unverblümt darüber äußert, wie dringend wir gefordert sind, im »Hier und Jetzt« Frieden und Ruhe zu finden. Unsere moderne Zivilisation legt solchen Versuchen tatsächlich lauter Hindernisse in den Weg:

Wir müssen uns der Tatsache stellen, daß schon allein der Gedanke an Kontemplation einen Menschen, der ihn ernst nimmt, zutiefst aufwühlt. Denn dieser Gedanke steht im Widerspruch zu unserem modernen Leben und ist scheinbar so unerfüllbar, ... daß unser ganzes Sein zunächst dagegen rebelliert. Wenn aber das Ideal des inneren Friedens dennoch seine Attraktivität behält, dann scheinen die Anforderungen auf dem Weg dorthin so anspruchsvoll und so extrem, daß man sich ihnen nicht länger stellen kann. Wir würden wohl gerne zur Ruhe kommen, aber unsere Ruhelosigkeit wird es nicht zulassen. Daher gelangen wir zu der Überzeugung, daß es für uns keinen Frieden geben kann, es sei denn durch ein Leben, das erfüllt ist mit Hektik und Aktivität, mit Gerede, Information, Kommunikation, Erholung, Zerstreuung.

In dieser irrsinnigen Hetze unseres modernen Lebens neigen wir dazu, die Tuchfühlung zu dem Frieden zu verlieren, der doch in jedem Augenblick zum Greifen nah ist. Wenn Ihre innere Sammlung beim Geh-Beten den Wirrwarr an Gedanken und kräftezehrenden Störungen beseiteräumt, dann ist der Weg frei für Eingebungen, neue Perspektiven und Antworten auf die Probleme, mit denen Sie ringen. Sie geben Ihrer weisen inneren Stimme eine Chance, gehört zu werden – Sie geben der Stimme Gottes eine Chance, wahrgenommen zu werden. Ihre Zeit beim Geh-Beten wird zu einer Zeit der Besinnung, in der Sie die vielfältigen Aktivitäten Ihres Lebens an Ihren Überzeugungen und Idealen messen können. Es ist doch interessant, daß wir so häufig »die Dinge tun, die wir nicht tun wollen«, wie Paulus bekennt. Unsere Überzeugungen und Ideale geben uns eine Richtschnur vor, nach der wir handeln sollten, doch wir handeln nach ganz anderen Regeln. Die »Zeit der Besinnung«, die »Zeit, in der die

Zeit stillsteht«, wie wir es beim Geh-Beten erleben, erlaubt uns eine umsichtige Gewissenserforschung, in der wir vor uns selbst und vor Gott unsere Schwachheit und unsere Fehltritte bekennen können und in der wir mit dem festen Entschluß der Besserung vorwärtsschreiten dürfen.

Wenn wir uns beim Geh-Beten ein wenig verausgabt haben, sollten wir innehalten und unseren Puls fühlen, aber nicht nur den körperlichen, sondern auch unseren emotionalen und spirituellen Pulsschlag. Der Meßwert, den wir dann ablesen, wird uns ganz sicher gefallen! Welches Ergebnis erhoffen wir uns wohl am meisten, wenn wir stehenbleiben und in uns horchen, welches vorherrschende, uns erfüllende Gefühl ersehnen wir? Zweifellos wünschen wir zu allererst, daß sich *Friede* in uns ausbreite. Dies ist sicher die erfreulichste Reaktion, die ich erhalte, wenn ich Menschen frage, was ihnen das Geh-Beten bringt: »Es schenkt mir inneren Frieden«, ist die Antwort, die ich immer wieder zu hören bekomme. Andere erwidern schlicht »Freude« oder »Zufriedenheit« oder auch »ein Gefühl von Gesundheit und Heil«. Auch nicht schlecht!

Vielleicht charakterisieren wir das Bestreben unseres Geh-Betens am besten als eine ganz natürliche »Gottes-Achtung«, das heißt eine Achtung vor Gott im *normalen* Tagesablauf. Dieser Begriff schließt alle klassischen Bedeutungen von »Achtung« und »Ehrfurcht« mit ein und ergänzt sie zugleich um den »Gottesfaktor«. Es ist doch so, daß wir Gott an beiden Enden unseres emotionalen Spektrums ziemlich leichtfertig im Munde führen. Etwas Abstoßendes bezeichnen wir unwillkürlich, also völlig gedankenlos, als »gotterbärmlich«. Andererseits rufen wir bei einem überwältigenden, weil besonders schönen Anblick oder Gefühl ebenso gedankenlos: »Großer Gott!« oder »Mein Gott!« Beim Gebet und ganz besonders beim Geh-Beten können wir uns der Gegenwart Gottes wohlüberlegt und willentlich bewußt werden und uns und unsere Gebetserfahrung auf diese Weise »achtungsvoll vor Gott« machen. Diese »Gott-Achtung« bewirkt dann aber auch, daß wir die Dinge in ihrem weiteren Bezugsrahmen sehen und anfangen, über solch tiefgründige Fragen nachzudenken wie »Warum bin ich hier?«

Sie wissen, daß Sie wirklich geh-beten, wenn Sie sich heil fühlen

Wenn die »Ausschüttung«, die Sie sich bei Ihrer Investition des Geh-Betens erhoffen, auf irgendeine Weise spirituell und körperlich *zugleich* sein soll, dann wissen Sie ebenfalls, daß Sie wirklich geh-beten.

Der erfahrene Medizinjournalist T. George Harris hat sich intensiv mit ganzheitlichen Geist-Körper-Seele-Übungen beschäftigt. Er machte einem breiteren Publikum die Erkenntnis einiger Ärzte bekannt, daß Spaziergänge tatsächlich dazu geeignet sind, uns uns besser fühlen zu lassen. Es ist etwas, was wir alle schon immer instinktiv gespürt haben, ohne daß die Schulmedizin es bisher berücksichtigt hätte. In den sechziger Jahren entwickelte Herbert Benson, Kardiologe an der Harvard-Universität, die »Entspannungsreaktion«, grob gesagt eine Handlungsweise, die ganz anders ist als die Reaktion von »Angriff oder Flucht«, die wir Menschen im allgemeinen zeigen, wenn wir zu starkem psychischen Streß ausgesetzt sind. Benson fand heraus, daß »jede größere Zivilisation irgendein monotones, rhythmisches Lied, Ritual oder Gebet« kennt, das diese »Entspannungsreaktion« hervorruft. Allein die andauernde, eintönige Wiederholung eines Wortes beschäftigt den Geist so intensiv, daß er nicht länger um ein gegebenes Knäuel von Sorgen kreisen kann – so das Forschungsergebnis von Benson. Der Körper beruhigt sich und findet zu seinen gesunden, normalen Funktionen zurück. Der Herzschlag wird verlangsamt, der Blutdruck senkt sich, wenn er zuvor gestiegen war, Adrenalinspiegel und Stoffwechsel normalisieren sich ebenso wie alle anderen Alarmzeichen.

Harris bemerkt dazu: »Als Dr. Benson mit seinen Forschungen über die medizinischen Vorzüge dieser Techniken zur Streßbewältigung begann, erkannte er, warum sie schon vor so langer Zeit Einzug in unsere spirituelle Tradition gehalten hatten – lange vor dem dringenden Bedürfnis unserer modernen Zeit nach ihnen.«

Die »Streßbewältiger« sind gewissermaßen »Oasen für den Geist«, schreibt Harris weiter. In jahrelanger Forschung entdeckte Dr. Benson ferner, daß die dauerhafte, ständige Wiederholung selbst so »banaler« Wörter wie etwa »eins« oder das Zählen der Atemzüge viele Krankheiten und Schmerzformen lindern kann. Als Problem erwies sich jedoch, daß solch eine »neutrale Behandlung« einen Patienten zu Tode langweilen kann. »Selbst unheilbar Krebskranke brachen die Meditationstherapie ab, wenn wir von ihnen verlangten, ein sinnloses Wort ad nauseam zu wiederholen.« Benson gestand seinen Irrtum ein und half seinen Patienten fortan, Worte, Sprüche oder Sätze zu finden, *die für sie individuelle Bedeutung hatten* und nach Möglichkeit inhaltsreich und geistig waren.

Im Grunde genommen leitete Benson seine Patienten an, sich ein Gebet einfallen zu lassen. Einige entschieden sich für ein einzelnes Wort, wie zum Beispiel »Shalom« oder »Frieden«; andere sprachen »Gegrüßet seist du, Maria, voll der Gnade«. Wie auch immer, tatsächlich profitierten Geist und Körper der Kranken gleichermaßen von dieser heilsamen, den ganzen Menschen in Anspruch nehmenden Spiritualität.

Sicher haben Generationen von Theologen, Seelsorgern und Predigern tiefgründige Analysen über das Gebet und seine religiöse Funktion angestellt, aber so konsequente Studien über die physiologischen und psychologischen Folgen des Betens hatte es zuvor nicht gegeben. Harris faßte das Ergebnis wie folgt zusammen: »Wenn sich die Weisheit der Seele mit der nüchternen Beweisführung der Medizin verbindet, folgt daraus eine ziemlich deutliche Aufforderung an uns, rauszugehen und uns selbst zu Fuß etwas Gutes zu tun.«

Sie wissen, daß Sie wirklich geh-beten, wenn Sie geh-beten wollen

Im optimalen Fall ist das Geh-Beten eine kurzweilige und nicht selten sogar *spannende* Übung. Anders als bei einem anstrengenden Training oder beim Marathonlauf, die beide an einen Raubbau der körperlichen und geistigen Kräfte grenzen können, »klappt« das Geh-Beten, wenn Sie sogleich an den Anfang zurückgehen und mehr davon praktizieren wollen. Wenn Sie beim Geh-Beten ins Träumen geraten, freilich auf eine ganz spezielle, konzentrierte Art und Weise, dann haben Sie das Ziel erkannt! Und wenn Sie sich bei Tagesanbruch gutgelaunt einen Wanderweg vornehmen und dabei diesem Text aus Lewis Carrolls *Alice im Wunderland* etwas abgewinnen können, dann haben Sie einen wichtigen Streckenabschnitt passiert:

»Sinnlos, es zu versuchen«, sagte Alice. »Man kann nicht an Unmögliches glauben.«
»Ich erlaube mir, zu behaupten, daß Dir darin einige Übung fehlt«, sagte die Königin. »Als ich in Deinem Alter war, übte

ich es jeden Tag eine halbe Stunde. Ja, manchmal hatte ich an mindestens sechs unmögliche Dinge geglaubt, noch ehe ich zum Frühstück ging.«

Sie wissen, daß Sie wirklich geh-beten, wenn Sie keine Angst haben, verlorenzugehen

Und so landen wir schließlich wieder beim Vertrauen, nicht wahr? Lassen Sie es uns noch einmal deutlich sagen: »Du kannst nur die halbe Strecke in den dunkelsten Wald hineingehen; danach kommst du auf der anderen Seite wieder heraus.« So formuliert es das chinesische Sprichwort. Hätten wir diese Weisheit doch nur auf allen Pfaden unseres Lebens!

Übung macht den Meister

Welche »Übungsmethoden« helfen uns, beim Geh-Beten eine verläßliche Routine zu entwickeln und den bewährten Rhythmus zu lernen, der uns nicht nur »bei der Stange hält«, sondern uns weiter antreibt auf dem Weg zu jener kleinen »unmöglichen« Zugabe, die uns diese spirituelle Übung in Aussicht stellt? Hier ein paar Vorschläge:

• Setzen Sie sich einen detaillierten Zeitplan, und halten Sie sich auch daran. Sicher, es wäre schön, wenn gute Vorsätze allein ausreichten, um unsere Gesundheit zu verbessern und unser Gebet zu vertiefen! Unsere allererste Vorbedingung muß lauten: Beurteilen Sie objektiv Ihre Energie, und arbeiten Sie mit diesem Potential, um einen realistischen Zeitplan zu erstellen, den Sie wirklich einhalten können. *Versuchen Sie nicht, alles auf einmal zuwege zu bringen.* Ich bestreite ja nicht, daß es so etwas wie »spirituelle Blitzerlebnisse« gibt, etwa Bekehrungen oder Erleuchtungen »aus heiterem Himmel«. Sein Leben im Gebet und in Tuchfühlung mit dem Spirituellen zu verbringen, verlangt jedoch eine Menge Durchhaltevermögen und Unerschütterlichkeit. Nehmen Sie sich viel Zeit, um Ihren Geist, Ihren Körper und Ihre Seele auf dieses neue Leben im Gebet zu »programmieren«. Drei Monate, sechs Monate, ein Jahr oder zwei oder drei werden vergehen – ganz egal, ob Sie nun auf diese Weise an sich arbeiten oder nicht.

Wenn Sie eher ein »gemächlicher« Typ sind – wie immer Sie das auch verstehen mögen –, dann rate ich Ihnen, langsam anzufangen, so wie es verantwortungsbewußte Ärzte meistens empfehlen. Schieben Sie den Start aber nicht länger auf. Jesus lädt jeden von uns ein: »Kommt und folgt mir nach!« Es ist dasselbe wie bei vielen Sportterminen und Einladungen: Die größte *Überwindung* kostet der einfache Schritt durch die Haustür. Das ist der mühsamste Schritt von allen.

• Stellen Sie sich beim Geh-Beten keine Belohnung für Ihren Eifer in Aussicht! Verstehen Sie den Spaziergang selbst als Belohnung *an sich*. Zu den vielen unglaublichen, unschätzbaren Belohnungen, die uns zuteil werden, gehört der »Luxus der unermeßlichen Zeit«. Zugegeben, es mag nur eine kurze Frist sein, aber diese Zeit gehört uns.

• Betrachten Sie das Geh-Beten als »Routinesache« in Ihrem Leben, so wie das Zähneputzen oder das Mittagessen. Soweit es »Lebensfreude« betrifft, kann es allemal mit anderen alltäglichen Aktivitäten mithalten. Stellen Sie sich ganz bewußt jedesmal, wenn Sie irgendwohin gehen, die Frage: Geh-bete ich? Kann ich *diesen* Gang zu einem Geh-Bet machen? Dann sind Sie auf dem besten Weg! Das Geh-Beten ist schließlich keineswegs reserviert für die wenigen, kurzen Urlaubstage oder Exerzitien, an denen Sie auch äußerlich Abstand von allem gewinnen.

Vielleicht ist es notwendig, daß wir uns eine ganz neue Geisteshaltung zu eigen machen, die uns sagt: »Zeit, die mit Gott vergeudet wird, ist nicht im entferntesten vergeudete Zeit.«

• Wenn Sie sich selbst für einen »wissenschaftlichen« Charakter halten, dann mischen Sie Ihrem Geh-Bet ein wenig »Kunst« bei; wenn Sie sich selbst für einen »künstlerischen« Charakter halten, dann fügen Sie ein wenig »Wissenschaft« hinzu. Ich glaube, dieser Ratschlag gehört zu den besten für alle Lebenslagen. Buchhalter, Ingenieure, Computerspezialisten und Kaufleute sollten zuweilen nachschauen, wie das Leben hinter ihren Zahlen aussieht. Und Maler, Musiker, Publizisten und Köche sollten sich zuweilen einige Zahlen zu Gemüte führen. Aber auch wenn Sie keiner dieser Berufsgruppen angehören, verstehen Sie sicher, was ich sagen will: Es geht um Ausgewogenheit, um die »goldene Mitte«, um *Aufgeschlossenheit für Wandel und Veränderung.*

Der große Mystiker Johannes vom Kreuz konfrontiert uns ganz unverblümt mit dieser Frage nach Ausgewogenheit, Veränderung und Bekehrung:

Um eine Freude zu erwerben, die du nicht hast,
mußt du einen Weg wählen, der dich nicht erfreuen wird.
Um ein Wissen zu erwerben, über das du nicht verfügst,
mußt du einen Weg wählen, von dem du nichts weißt.
Um einen Besitz zu erwerben, den du nicht hast,

mußt du einen Weg wählen, auf dem du nichts besitzt.
Um ein Sein zu erwerben, das du nicht bist,
mußt du einen Weg wählen, der du nicht bist.

Diese Gedanken sind für alle entscheidenden Bemühungen in unserem Leben wichtig. Um noch einmal darauf zurückzukommen: Welches ist der »Blickwinkel Gottes« bei alledem? Meister Eckhart formulierte es so: »Die Augen, durch die wir Gott sehen, sind die Augen, durch die uns Gott sieht.«

Anhang 1

Wegweiser durch ein Geh-Bet

Mit ein wenig Schwung und Ausdauer werden Sie bald Ihren eigenen Weg zu den Befriedigungen und dem vielschichtigen Gewinn der Gehmeditation finden.

Andererseits werde ich oft nach differenzierten Anregungen für ein »System« oder eine »Stilrichtung« des Geh-Betens gefragt. Wenn dieses Buch also seinem Anspruch gerecht werden will, ein »vollständiger« Leitfaden zum Geh-Beten zu sein, dann sollte es als Musterbeispiel wohl auch ein »geführtes« Geh-Bet bereitstellen.

Ich habe bereits erwähnt, daß das Gehen zu jenen Tätigkeiten gehört, die jede Person ohne weiteres für ihre Eigenheiten maßschneidern kann. Wir Menschen brauchen Rituale, und da wir alle individuelle Persönlichkeiten sind, sind unsere individuellen Rituale für uns unentbehrlich. Denken Sie nur an die ureigene, »besondere« Art, auf die Sie die Zähne putzen, einen Brief schreiben oder Ihr Frühstück zubereiten. Die Zeremonien, die Sie für diese Arbeiten entwickelt haben, sind noch lange nicht für mich geeignet. Meine Frau z.B. liest die Zeitung ungeheuer gründlich und mit schon fast religiöser Bedachtsamkeit. Ich selbst würde bei solcher Sorgfalt nur kribbelig werden – und meine Frau brächte es niemals fertig, die Kinder auf »meine« Weise ins Bett zu bringen, so nachlässig und entschieden zu unaufmerksam. Ganz genauso müssen auch wir Betenden und Gehenden unsere eigenen Rituale entwickeln.

An dieser Stelle möchte ich dennoch denjenigen von meinen Lesern, die dies wünschen, ein wenig Ansporn und detaillierte Hilfe in Form eines »Muster-Geh-Bets« anbieten, sozusagen einen Wegweiser, den Sie jederzeit an Ihre eigenen Vorstellungen und Vorlieben angleichen können.

Zuvor möchte ich jedoch noch einmal ausdrücklich betonen: Es gibt keine »perfekte« Methode beim Geh-Beten – keine außer derjenigen, die für Sie persönlich »perfekt« ist und von der Sie tief in Ihrem Herzen spüren, daß sie »gut genug« für Gott ist.

Spaziergang mit Seele: Eine Führung

Erster Schritt: Emporblicken

Ein andächtiger Spaziergang beginnt in feierlicher Würde.
Der Gedanke, daß meine Reise eine spirituelle Reise ist,
ruft mich, emporzublicken
und Fühlung zu nehmen
mit Gott in der Höhe.
Nein,
nicht mit einem Gott in weiter Ferne,
der unerreichbar wäre für mich,
sondern meinem Gott in zugänglicher, erhabener Höhe:
mitten in meinem Bewußtsein und doch
jenseits alles Inneren.
Indem ich mich vorbereite, den ersten Schritt zu tun,
beginne ich mit einem kurzen Gebet:

Lenke meine Schritte, o Gott.
Führe mich auf deinem Pfad.
Lehre mich, daß ich mich beim Gehen

stärker auf den Glauben verlasse
und weniger auf den Augenschein.
Möge mein Weg ein Weg sein hin zu dir,
doch wichtiger noch: ein Weg mit dir.
Amen.

Zweiter Schritt: Herunterblicken

Sicher, ich weiß, daß der Glaube
Berge versetzen kann.
Ich weiß aber auch, daß ich
fest verwurzelt sein muß,
hier in dieser Welt, in der ich lebe.
Darum bete ich:

Herr, ich weiß, daß ich »emporblicken« soll zu dir;
laß mich aber auch begreifen,
daß ich ebenso »herunterblicken« muß auf diese Erde,
damit ich nicht stolpere und stürze.
Es kann keine wahrhafte Hingabe geben,
keine echte Bindung
an diesen wunderbaren Planeten,
wenn ich es hier nicht für eine Weile aushalte
und ihn meine Heimat nenne.
Ich bleibe nur ein Fremder
auf der Durchreise,
bis ich mich durchringe,
diesen Ort nicht nur hinter mich zu bringen,
sondern mich einzupflanzen und zu verwurzeln.
Amen.

Dritter Schritt: Zurückblicken

Jede Reise irgendwohin
ist eine Reise, die von irgendwo anders wegführt.
Wir alle schleppen viele Bündel und Lasten mit uns.
Und laßt es uns nicht vergessen: Manches davon ist angenehmes
Gepäck!
Während ich voranschreite und meditiere,
blicke ich auch zurück.
Ich nehme die Fußspuren wahr, die ich hinterlassen habe,
dort, wo ich gewesen bin.
Und ich erinnere mich im Gebet:

> O Gott,
> laß mich des Vergangenen gedenken,
> aber laß nicht zu, daß ich nur im Gestern lebe.
> »Jeder Tag hat seine eigene Sorge«,
> so lehrte es uns Jesus.
> Bringe mir die Zeiten in Erinnerung,
> in denen ich glaubte, ganz allein zu sein,
> und in denen ich plötzlich dich an meiner Seite entdeckte.
> Hilf mir auch, zu erkennen:
> Was immer dort hinten lauert,
> in meinem Rücken auf dem Weg,
> selbst wenn es näher heranrückt –
> wir beide können es gemeinsam bewältigen,
> wenn es uns einholen sollte.
> Amen.

Vierter Schritt: Umherblicken

Hier bin ich nun also, zu guter Letzt,
angelangt beim »Hauptgang«
des spirituellen Festmahls.
Ich stehe nun auf heiligem Boden.
Sicher, so war es auch zuvor schon, doch erst jetzt ist es mir klar!
Und so blicke ich umher und schaue auf alle deine Gaben
und auf die unendlichen Möglichkeiten des Lebens.
Ich schaue auf die Straßen, die ich noch nicht beschritten habe,
auf die weniger befahrenen Straßen,
auf die unwegsamen Straßen,
die mich zu Veränderungen führen, zu Herausforderungen und
zu dir,
und ich bete:

    Worauf habe ich bloß gewartet?
    Ich kenne es sehr gut, jenes Gebet der Mystikerin Juliana:
    »Und alles wird gut, und alles wird gut,
    und alles wird sehr, sehr gut.«
    Doch jetzt will ich beten:
    »Und alles *ist* gut, und alles *ist* gut,
    und alles *ist* sehr, sehr gut.«
    Wie konnte das geschehen?
    Durch die Begleitung, mit der ich gehe,
    durch meinen göttlichen Gefährten, zu dem ich stehe.
    Gehe mit mir, mein Herr,
    den ganzen Weg bis nach Hause.
    Amen.

Fünfter Schritt: Vorausblicken

Der ideale Weg, das ideale Geh-Bet
führt uns zurück
an den Anfang.
Dort kommen wir an, erfüllt mit neuer Frische.
Wenn ich jetzt an das Ende des heutigen Weges gelange,
dann bete ich, daß Gott mich tiefer
und tiefer in das Reich des Geistigen führen möge.
Ich bete mit den Worten von Charles de Foucauld:

> Mein Vater, ich überlasse mich dir; mach mit mir, was dir gefällt. Was du auch mit mir tun magst, ich danke dir. Zu allem bin ich bereit, alles nehme ich an. Wenn nur dein Wille sich an mir erfüllt und an allen deinen Geschöpfen, so ersehne ich weiter nichts, mein Gott. In deine Hände lege ich meine Seele. Ich gebe sie dir, mein Gott, mit der ganzen Liebe meines Herzens, weil ich dich liebe und weil diese Liebe mich treibt, mich dir hinzugeben, mich in deine Hände zu legen, ohne Maß, mit einem grenzenlosen Vertrauen. Denn du bist mein Vater.

Anhang 2

Fragen aus der Praxis

Da dieses Buch ein »vollständiger Leitfaden« sein soll, habe ich mich bemüht, so gründlich wie möglich zu sein, selbst auf die Gefahr hin, zwischendurch ein wenig langatmig zu wirken. Andererseits bin ich – wie auch Sie – natürlich ein Kind unserer Zeit und möchte daher möglichst rasch »auf den Punkt kommen«: »Verschwendet nicht meine Zeit! Verratet mir das Geheimnis des Ganzen lieber in einem Satz!« Ich habe mich darum entschlossen, am Ende dieses Buches »auf den Punkt zu kommen« und es mit einem kurzen Frage-Antwort-Kapitel abzuschließen. Vielleicht werden auf diese Weise ein paar Facetten des Geh-Betens eingängiger – oder wir können sogar auf die eine oder andere Frage eingehen, die bisher nicht berücksichtigt werden konnte.

Abgesehen von dem »tiefsten Geheimnis«, das viele Menschen ständig ergründen wollen, gehören die häufigsten Fragen überhaupt gewöhnlich in die Kategorien »Wann?«, »Wo?« und »Wie oft?«. In den vorangegangenen Kapiteln habe ich mir Mühe gegeben, diese Themen gewissenhaft zu behandeln. Deshalb hier einige andere, ebenfalls oft gestellte Fragen:

- Wie können Sie behaupten, das Geh-Beten sei besser als Formen des stillen, »bewegungslosen« Gebets? Warnt uns nicht Jesus selber im Matthäusevangelium (6,6): »Du aber, wenn du betest, geh in deine Kammer und schließ deine Tür zu und bete zu deinem Vater im Verborgenen.«

Ich sage nicht, daß das Geh-Beten *besser* sei. Es ist vielmehr eine andere Dimension des Gebets, eine unterschiedliche Dimension. Und der wesentliche Unterschied liegt in der *Bewegung*. Zur Zeit Jesu wurde von jüdischen Männern verlangt, daß sie morgens und abends mit Blickrichtung nach Jerusalem beteten, außerdem vor und nach den Mahlzeiten. Dabei standen sie oder verneigten sich. Natürlich gab es keine religiöse Vorschrift über die Bewegung beim Beten. Jesu Anliegen war es, die Menschen zu mahnen, daß ein scheinheiliges »Lippenbekenntnis« beim Beten zu Gott einfach nicht genug ist.

Gott geht es beim Gebet um *unsere Herzen*, nicht um unsere Lippen oder unsere Körperhaltung.

Ich halte Jesus Christus für unser bestes Vorbild beim Beten. Er bediente sich bei seinem Gebet einer großen Vielfalt von Ausdrucksformen und äußeren Umständen. Die Evangelien berichten zum Beispiel: »In aller Frühe, als es noch dunkel war, stand er auf und ging an einen einsamen Ort, um zu beten« (Mk 1,35). Oder nach der wunderbaren Speisung der Fünftausend »ging er auf einen Berg, um zu beten« (Mk 6,46). Auch Lukas erzählt immer wieder, wie Jesus sich an einsame Orte zurückzog, um allein für sich zu beten (z.B. Lk 5,16). Bevor er die zwölf Apostel auswählte, »verbrachte er die ganze Nacht im Gebet zu Gott« (Lk 6,12). Schließlich schildert das Johannesevangelium eine ganze Kette von Situationen, in denen Jesus seinen Vater lobpries. Kann man nun generell sagen, daß Jesus »herumging«, wenn er betete? Geh-betete Jesus etwa? Wenn Jesus »ständig im Gebet« war – und wenn er es nicht war, wer dann sollte es schaffen? –, dann sagt uns die Logik, daß er tatsächlich geh-betete, denn das Gehen war die einzige Möglichkeit, jene Berge und einsamen Orte zu erreichen. Schon über den Aufenthalt Jesu in der Wüste unmittelbar vor seinem öffentlichen Auftreten erzählt Lukas: »Darauf führte ihn der Geist vierzig Tage lang in der Wüste umher« (Lk 4,1). So könnten wir die Liste entsprechender Beispiele beliebig fortführen, etwa »Als Jesus am See von Galiläa entlangging, sah er Simon und Andreas« oder »Als Jesus die Menschenmenge sah, stieg er auf einen Berg«.

Keine Frage: Jesus betete auch auf seinen Knien und stehend, mit gesenktem Kopf. Er betete mit erhobenen Armen und mit gefalteten Händen. Er betete im Tempel und im Haus. Und wir sollen es ihm gleichtun.

- Ist das, was Sie jetzt als »Geh-Beten« titulieren, nicht im Grunde das, was wir immer »Naturwandern« genannt haben?

»Geh-Beten« ist tatsächlich »Naturwandern« – oder kann es zumindest sein. Aber es ist noch viel mehr als das – oder wiederum: Es kann viel mehr als das sein. Ganz sicher ist das phantastische Reich der Natur für die meisten von uns die Umgebung, die uns am stärksten stimuliert, zu beten, ungeachtet der Tatsache, daß andere Menschen diesen Rahmen eher in einer Kathedrale oder daheim in ihrem Schaukelstuhl finden. Die Natur erzählt uns von Gott, sie ist das »Kunstwerk Gottes«. Und obwohl Gott alles übersteigt, was wir sehen, berühren, tasten oder riechen können, selbst in der Natur, so können wir da draußen »im Grünen« doch viele Einblicke in die Größe und Erhabenheit Gottes erhaschen. Einer der Trappistenmönche in der Abtei Gethsemani, Paul Quenon, ist ein leidenschaftlicher Naturschriftsteller und -fotograf. Seine feste Überzeugung ist: »Wenn ich danach verlange, Gott zu sehen, muß ich zunächst lernen, das zu sehen, was um mich herum ist; dies aufmerksam und wahrhaftig zu sehen – damit ich Gott besser sehen möge.« Und Thomas Merton lehrte die Novizen unter seiner Obhut über die segensreiche Natur ganz einfach, sie so zu sehen, *wie sie ist.* Dann werde sie für uns alle zu einer echten Inspiration: »Laßt die Kaninchen sein, was sie sind, eben Kaninchen. Wenn Ihr lediglich seht, daß es Kaninchen sind, dann entdeckt Ihr plötzlich, daß sie transparent sind, und daß das Antlitz Gottes durch alle diese Kaninchen hindurchscheint.« Je weiter oder tiefer wir uns auf die freie Natur einlassen, desto weiter und tiefer können wir in das Innerste unserer Herzen und Seelen hinabsteigen, geradewegs zum wahren Herzen und zur Seele unseres Gottes-in-uns, bis zu unserem Gott-mit-uns. Ein Freund bemerkte einmal über seine Naturwanderungen zu einem Fischteich in der Nähe: »Jedesmal, wenn ich losziehe, um zu angeln, zieht es mich weiter weg vom See.«

Die Buddhisten haben ein wunderbares Ritual: Sie läuten ein Glöckchen, um sich selbst zu erneuter Achtsamkeit zu rufen. Es ist gewissermaßen ein Appell, zum eigenen »wahren Selbst« zurückzukehren. Für viele von uns wird die Natur diese Glöckchen bereitstellen, die uns mit der Gegenwart Gottes verknüpfen – Glöckchen in Gestalt von Schneeflocken, Rosenblüten, zirpenden Grashüpfern, oder in dem Duft der Herbstblätter und Frühlingsknospen.

Ich lebe und arbeite in einer Großstadt. Hier gibt es keine »Natur«. Wie kann ich da geh-beten?

Tatsächlich macht es Spaß, in der Stadt zu geh-beten. Menschen sind ebenfalls eine Form von Natur. In Ihrem Gebet können Sie darum bitten, daß Sie Christus in den vorbeigehenden Menschen erkennen – und auf diese Weise werden Sie die Menschen durch Ihren Blickkontakt segnen.

- Wie wichtig ist die Technik von »Atemzug, Schritt, Zahl, Äußerung« [vgl. 2. Kapitel]? Kann ich nicht einfach »loslegen«?

Natürlich können Sie einfach »loslegen«. Sehr wahrscheinlich waren Sie sogar schon geh-beten, lange bevor Sie zum erstenmal von diesem neumodischen Programm hörten. So war es jedenfalls bei mir. Wir haben es lediglich nicht bei diesem Namen genannt. Vielleicht kennen Sie ja das Ritual der morgendlichen Opfergabe, das viele Menschen mit Hingabe pflegen: Man weiht alles, was man an diesem Tag tun wird, dem Lob und Ruhme Gottes. Dann macht man sich auf und erledigt, was der Tag mit sich bringt: Man arbeitet oder geht zur Schule, kocht das Mittagessen, räumt auf und bringt den Müll nach draußen, ißt zu Abend, schaut fern – alles mehr oder weniger in dem Bewußtsein, daß es eine »heilige« oder »gottgeweihte« Handlung ist. Ich halte das immer noch für eine sehr wertvolle religiöse Übung. Geh-Beten·unterscheidet sich hiervon in erster Linie dadurch, daß es diese besondere Erfahrung *intensiviert, identifiziert, ins Gedächtnis einbrennt, erkennt* und *heiligt*. So kommen wir erneut auf die Achtsamkeit und die Intentionalität unseres Handelns zurück – zwei Ziele, die es allemal wert sind, daß wir ihnen unsere Aufmerksamkeit widmen. Könnten wir doch jeden Augenblick unseres Lebens »mit Intensität« füllen und ihn zu einem Gebet machen! Das ist aber nicht möglich. Wir können uns nur immer wieder darum bemühen. Höchstwahrscheinlich wird es uns nicht gelingen, unseren tiefen Sprung in das Mysterium Gottes und seiner Schöpfung lange zu bewahren, aber mit der Hilfe Gottes können wir solche Momente erleben.

- *Warum* sollen wir geh-beten?

Um wohin zu kommen. Wie soll es uns möglich sein, die wichtigen Fragen im Leben zu stellen, wenn wir uns ständig damit verzetteln, die belanglosen Fragen zu beantworten? Wie sollen wir ergründen, warum wir hier sind, wenn wir uns in der Regel nicht einmal die Zeit nehmen, zu entdecken, *daß* wir hier sind? Vielen von uns ist ja nicht einmal klar, daß wir auch außerhalb dessen existieren, was wir *tun*. Von diesem Vorwurf nehme ich mich selbst gar nicht aus.

Wir geh-beten, um zu lauschen, zuzuhören, zu sehen, zu begreifen.

Aber selbst, wenn wir unser Leben auf das *Tun* reduzieren, wie sollte es uns gelingen, unsere Hauptarbeit zu bewältigen, nämlich auf Gott, den Heiligen Geist, zu stoßen, wenn wir immer nur auf Tagesordnungspunkte, den Berufsverkehr und das abendliche Fernsehprogramm stoßen? Geistliche Lehrer haben schon seit langem gelehrt, daß unsere wichtigste »Arbeit« darin besteht, *über die Dinge hinaus* zu blicken. Jetzt aber finden wir heraus, daß uns dieser Blick in das Jenseitige fabelhaft gelingt, wenn wir *auf das Jetzt schauen, aber mit einem neuen Blick*. Genau dabei hilft uns das Geh-Beten – Schritt ... für Schritt ... für Schritt.

Zugegeben, unsere geh-betenden Reisen sind zeitlich begrenzt, zumindest wenn man die Zeit nach der Uhr mißt. Aber selbst in dieser befristeten Hingabe, die wir da draußen auf dem Wanderweg erleben, selbst in dieser befristeten Befreiung von unseren Lasten, begegnen wir dem Geist ... und der Wahrheit. Unsere persönlichen Lieblingsorte zum Geh-Beten bieten uns diese ganz spezielle Rundsicht, diesen Aussichtspunkt der Wahrheit. Das Geschenk dieser Orte an uns besteht darin, daß es Stätten der Zuflucht und der Aussicht sind, an denen wir uns Urteile bilden können, die wirklich frei von allen materiellen Interessen sind. Sie helfen uns, uns dessen bewußter zu werden, was wir längst besitzen: Gott in unserem Leben.

Warum noch sollen wir geh-beten? Weil Geh-Beten *uns gut tut.* Es ist entspannend und gesund. Wenn wir tatsächlich daran glauben, daß unser Körper, unser »Selbst«, ein »Tempel des Heiligen Geistes« ist, dann sollten wir uns tunlichst daran machen, diesen Tempel zu pflegen. Ein Hersteller von Schuhen warb für seine Produkte einmal mit dem Slogan: »Gehen ist nicht nur gut für das Herz. Es ist gut für die Seele.« Absolut richtig. Aber selbst, wenn es lediglich dem Herzen gut täte, glaube ich, daß unser Gehen ein Lobpreis an unseren Schöpfer wäre, der auch unsere Herzen erschaffen hat. Aber es ist ja weit mehr als das.

Warum sonst noch? Weil Sie viele der »Prinzipien« und »Techniken«, die Sie beim Geh-Beten lernen und erleben, auf Ihre anderen Gebetsformen und -gewohnheiten übertragen können. Wenn Sie mitten in der Nacht voller Angst aus dem Schlaf aufschrecken, kann es passieren, daß Sie unwillkürlich zählen – 1–2–3–4 –, dabei tief und gleichmäßig atmen und einige beruhigende Worte in die Finsternis sprechen. So finden Sie Ihre innere Mitte wieder – und können vielleicht sogar wieder einschlafen!

• Was ist das Beste am Geh-Beten?

Das beste daran ist, daß es viele »beste Trümpfe« bereithält: schöne Landschaften, Abenteuer, Fitneß, Spiritualität, körperliche Anforderungen, die Vertrautheit geliebter Orte, Natur, Einsamkeit, Rituale, körperliche Hochstimmung, die Vorfreude bei der Planung, Zufluchtssuche, die spirituelle Reise. Beim Gehen hebt sich Ihre Stimmung, und Sie finden eine neue Perspektive. Sie gewinnen einen Überblick über Ihre Welt, über sich selbst und Ihren Gott – besser und immer besser, je höher der Berg ist, den Sie erklimmen. Ihr Blick wird klarer und klarer und geht weiter in die Ferne, während Sie hochsteigen. Rosa Parks, die durch die Märsche der amerikanischen Bürgerrechtsbewegung berühmt wurde, zog das Fazit aus einem der allerstärksten Vorteile des Gehens (und des Geh-Betens): »Meine Füße sind müde, aber meine Seele hat Ruhe.«

· Ich habe das Geh-Beten ausprobiert, aber irgendwie scheint es bei mir nicht zu funktionieren. Was mache ich falsch?

Wenn das Geh-Beten bei Ihnen nicht »funktioniert«, dann haben Sie vielleicht die falschen Erwartungen. Wenn Sie darauf bestehen, so etwas wie ein »Schlafwandeln in vollkommenem Frieden« erleben zu wollen, eine ekstatische Wahrnehmung von Transzendenz oder einen automatischen spirituellen Rausch, dann müssen Sie zwangsläufig enttäuscht werden, fürchte ich. So etwas kann hin und wieder für einen Augenblick passieren, aber nur im Himmel bleiben die Momente der Leidenschaft ewig bestehen. Wenn Sie jedoch die wachsende Erkenntnis suchen, daß Sie selbst und Gott sich näherkommen, weil sie nicht nur gute und intensive Zeit miteinander verbringen, sondern davon mehr als eine zufällige Minute, dann funktioniert es bestimmt. Auch diese mystische Erfahrung wird wahrscheinlich nicht alltäglich und unbedingt immer überwältigend werden, aber es kommt dem, was Sie erwarten können, viel näher. Ich weiß, daß dies hart und vielleicht sogar »moralisierend« klingt, aber es geht ja nicht darum, was *wir* mit dem Geh-Beten gewinnen wollen, sondern eher darum, was *Gott* will. Wahrscheinlich ist es schlicht und einfach das:

Was gut ist, ward dir gesagt, o Mensch,
und was Jahwe von dir fordert:
nichts als Recht tun und die Güte lieben
und in Dienmut wandern mit deinem Gott.
(Micha 6,8)

- Wie soll ich sehen, wohin ich laufe, wenn ich beim Gehen
dieses Buch lese?

Man sagt, daß der Schauspieler Tony Randall die kompletten
Werke Shakespeares aus dem Gedächtnis kennt. Kann ich also
von Ihnen erwarten, daß Sie dieses Buch auswendig lernen?
Natürlich nicht. Vielleicht aber den einen oder anderen Kern-
satz. Zwar haben viele der Mönche, denen ich über die Jahre hinweg begegnet bin, die Begabung, gleichzeitig zu lesen und zu gehen. Die meisten von uns werden sich jedoch damit zufrieden
geben müssen, die neuen Einblicke, die Anstöße und vielleicht einige Starthilfen aus diesem und ähnlichen Büchern in der Erinnerung und im Herzen mitzunehmen. Freilich gibt es außerdem
immer noch die Möglichkeit besprochener Audiokassetten.

- Wer sind die bekanntesten Geh-Beter?

Mahatma Gandhi war 60 Jahre alt, als er einen Fußmarsch quer
über den indischen Subkontinent anführte, um gegen die briti-
schen Salzgesetze zu protestieren. Ich glaube, daß er dabei geh-
betete. Ved Mehta schrieb über diese Begebenheit: »Die Schüler
und Anhänger Gandhis zogen Parallelen zwischen seiner Wanderung nach Dandi und der Wanderung Jesu nach Jerusalem.
Viele Hindus, die des Lesens kundig waren, kauften Bibeln und
lasen sie. Gandhi selbst rechnete offenbar damit, daß er in Dandi

den Tod finden könnte, so wie Jesus in Jerusalem starb. Gandhi und seine Mitstreiter erreichten die Stadt ... und verbrachten die Nacht betend am Strand.«

C.S. Lewis war ein englischer Gelehrter, Lehrer, Apologet, Schriftsteller – und eben auch ein überzeugter Wanderer. Es heißt, daß er auf seinen ausgedehnten, einsamen Spaziergänge in Ulster, Surrey und Oxford die Landschaften entdeckte, die er in den Narnia-Geschichten verarbeitete.

Hilaire Belloc, ein prominenter Verfechter der katholischen Kirche in Großbritannien zu Beginn des 20. Jahrhunderts, machte sich entschlossen auf eine Pilgerreise von Frankreich bis nach Rom – *zu Fuß*. Seine Erfahrungen schrieb er in dem Buch *Der Weg nach Rom*[17] nieder, das 1902 erschien. Und in *Eye-Witness* schrieb er diese Zeilen:

Schlafen und den Duft des Teers riechen,
Erwachen und die Morgenröte Italiens erglühen sehen
Und unterhalb des Zweiges einen einzelnen Stern –
Guter Gott, wie wenig wissen reiche Menschen doch!

Henry David Thoreau war ein unermüdlicher Wandersmann. Aber war er auch ein Geh-*Beter*? Sicherlich war er ein exzellenter »Schlenderer« und »Transzendentalist«. Wir modernen Menschen haben die Bedeutung dieser zwei Worte leider nahezu vergessen, aber wir beginnen, sie neu zu entdecken. Daß ich ohne Zögern Thomas Merton und Martin Luther King in meine Liste der bedeutendsten Geh-Beter aufnehme, versteht sich fast von selbst.

Mildred Norman – oder »Friedenspilgerin«, wie sie sich selbst lieber nannte – (gestorben 1981), war eine einfache Frau, die mehr als 40.000 Kilometer kreuz und quer durch die Vereinigten Staaten wanderte und überall ihre Botschaft verbreitete: »Dies ist der Weg zum Frieden: das Böse mit Gutem überwinden, die Lüge mit Wahrheit und den Haß mit Liebe.« Sie, die ihren ganzen Besitz in einer Tasche mit sich trug, hatte dieses Gelübde abgelegt: »Ich werde auf Wanderschaft bleiben, bis die Menschheit den Weg des Friedens erlernt hat; ich werde gehen, bis man mir Unterkunft gibt, und fasten, bis man mir zu Essen gibt.« Wenn *das* kein Geh-Beten ist!

Und was war Johannes der Täufer, wenn nicht ein Geh-Beter draußen in der Wildnis – ein ursprünglicher, »wilder Mann«, der einen Weg in der Wüste bahnte, der Pionierarbeit leistete, der dem Herrn den Weg bereitete?

Elizabeth Bayley Seton (1774–1821), die erste Heilige der USA, rannte treppauf, treppab, um zehn Kinder großzuziehen, die zudem oft genug krank waren und weinten. Mutter Teresa zog jahrzehntelang durch die Straßen und Hinterhöfe Kalkuttas, um den Armen, Kranken und Sterbenden zu dienen. Ist das kein Geh-Beten?

- Kann man *wirklich* auf dem kurzen Weg vom Büro zum Kopierer, von der Küche in den Waschkeller, vom Parkplatz in den Supermarkt geh-beten?

Sie können es, wenn Sie nur wollen.

Nachwort

Ich kann dieses Buch nicht abschließen, ohne Ihnen eine kleine (vielleicht überflüssige!) Anregung mit auf den Weg zu geben: wenn Sie so wollen, eine Art Vollmacht, dieses ganze Vorhaben, das wir Geh-Beten nennen, auch dann zu probieren, wenn der Versuch noch nicht »perfekt« ist. Immerhin sind wir alle Menschen und als solche unbeschreiblich wunderbar, aber eben auch menschlich und unvollkommen.

Bevor wir uns daher trennen, möchte ich Ihnen dringend raten: Wenn Sie zu Ihren Gebetsreisen aufbrechen, machen Sie sich vor sich selbst und vor Ihrem Gott klar, daß dies ein Gang *hin zur* Frömmigkeit sein soll und nicht notwendig und immer ein Gang *in* Frömmigkeit. Das bedeutet, Sie haben den festen Willen, zu beten, Sie erstreben Frömmigkeit. Dann wird es so sein, wie Thomas Merton es formulierte: »Ich glaube (, mein Herr), daß das Verlangen, Dir zu gefallen, Dir im Grunde wohlgefällig ist.« Allein dadurch, daß Sie sich auf den Weg der spirituellen Reise machen, erfreuen Sie den Einen, den Sie suchen.

Wäre es nicht phantastisch, wenn unsere Wege vom Parkplatz ins Büro, vom Büro zum Kopierer, von der Küche in den Waschkeller, von der Tür zur Garage, vom Bäcker zur Apotheke, von der sprichwörtlichen »Wiege bis zum Grab« – wenn dies alles Geh-Bete wären? Sie werden es sicher nicht immer sein, aber es wäre durchaus denkbar.

Wenn wir doch nur die Ganzheitlichkeit – die Heiligkeit – richtig erfassen könnten, über die wir schon jetzt verfügen.

Seien Sie beherzt auf Ihren Wegen. Auch wenn unser Leben ein Drama ist, und wir manchmal das Gefühl haben, daß wir nur Statisten sind, die eher zufällig auf der Bühne stehen: Gott sieht es auf keinen Fall so! Für ihn haben wir alle tragende Hauptrollen, und das sollten wir uns in jedem neuen Akt bewußt machen.

Der ehemalige Generalsekretär der Vereinten Nationen, Dag Hammarskjöld, ein vielseitiger geistlicher Schriftsteller, brachte diese hohe Erwartung deutlich in einem Bild zum Ausdruck, das freilich eher auf unser großes, lebenslanges Geh-Bet gemünzt ist:

> Schaue niemals nach unten, um den Boden zu prüfen, bevor du den nächsten Schritt wagst: Nur diejenigen, die Ihre Augen fest auf den fernen Horizont gerichtet halten, werden die richtige Straße finden.

Möge sich Ihnen die richtige Straße entgegenneigen, damit Sie auf sie stoßen. Und mögen wir, die wir im Finstern gehen, das große Licht sehen!

> Noch eine kleine Weile ist das Licht unter euch. Wandelt, solange ihr das Licht habt, damit euch nicht Finsternis überfalle. Wer in der Finsternis wandelt, weiß nicht, wohin er geht. Solange ihr das Licht habt, glaubt an das Licht, damit ihr Kinder des Lichtes werdet.
>
> *Jesus (Johannesevangelium 12,35f)*

Literaturhinweise und Anmerkungen

Klassische Texte zur Pilgerschaft

Die Bücher Genesis und Exodus im Alten Testament.

Dante Alighieri: Inferno (etliche Ausgaben).

Miguel de Cervantes Saavedra: Don Quijote (etliche Ausgaben).

Hermann Hesse: Siddharta. Eine indische Dichtung, Suhrkamp Verlag, Frankfurt a.M. 1975.

Gottfried Seume: Spaziergang nach Syrakus, dtv, München 1997.

Aufrichtige Erzählungen eines russischen Pilgers. Hrsg. und eingel. von Emmanuel Jungclaussen, Verlag Herder, Freiburg · Basel · Wien [18]1990.

Anmerkungen

[1] Bibelzitate in der Regel aus: Die Bibel. Die Heilige Schrift des Alten und Neuen Bundes. Deutsche Ausgabe mit den Erläuterungen der Jerusalemer Bibel, hrsg. von D. Arenhoevel, A. Deissler, A. Vögtle, Verlag Herder, Freiburg · Basel · Wien [15]1979.

[2] Sam Keen: Wider die Leere in unserer Zeit. Eine praktische Philosophie für den Alltag, Kabel Verlag, Hamburg 1996.

[3] Thích Nhât Hanh: Das Wunder der Achtsamkeit. Einführung in die Meditation, Theseus Verlag, Berlin [7]1997.

[4] Henry D. Thoreau: Walden. Oder Hüttenleben im Walde, Manesse Verlag, Zürich [4]1995.

[5] M. Scott Peck: Der wunderbare Weg. Eine neue Psychologie der Liebe und des spirituellen Wachstums, W. Goldmann Verlag, München 1996.

[6] Morton Kelsey: Schritte auf dem Weg zu neuem Leben. 20 Meditationen für Christen, E. Franz Verlag, Riederich 1985.

[7] A.a.O.

[8] Pam Grout: Atme dich schlank. Und bring deinen Stoffwechsel auf Trab, Verlag Ennsthaler, Steyr 1996.

[9] A.a.O.

[10] Die Wolke des Nichtwissens. Vorwort und bearbeitet von Wolfgang Riehle, Johannes Verlag Einsiedeln [4]1991.

[11] Rose Ausländer: Im Atemhaus wohnen. Gedichte, Fischer TB 689, Frankfurt a.M. 1981, S. 91.

[12] Gotteslob. Nr. 26,1 (© Verlag Herder Wien).

[13] Etty Hillesum: Das denkende Herz. Die Tagebücher von Etty Hillesum 1941–1943. Hrsg. von J. G. Gaarlandt, Rowohlt Verlag, Reinbek 1985.

[14] Z.B.: Meditieren – wie und wo. Ein Führer mit 500 Adressen von Lehrern, Häusern und Zentren. Hrsg von Peter Raab, Verlag Herder, Freiburg · Basel · Wien [2]1996.

[15] Thích Nhât Hanh: Lächle deinem eigenen Herzen zu. Hrsg. von Judith Bossert und Adelheid Meutes-Wilsing, Taschenbuchausgabe im Verlag Herder, Freiburg · Basel · Wien 1995.

[16] Vgl. in diesem Zusammenhang: Thích Nhât Hanh: Der Geruch von frisch geschnittenem Gras. Anleitung zur Gehmeditation, Stichting Theresiahoeve, NL-Langenboom 1986.

[17] Hilaire Belloc: Der Weg nach Rom, Verlag Herder, Freiburg · Basel · Wien 1964.